महाकवि कालिदास कृत मेघदूतम् का साहित्यिक एवं भौगोलिक अनुशीलन

डॉ० वीरेन्द्र कुमार मौर्य

Made with ♥ on the Notion Press Platform
www.notionpress.com

'समर्पण'

मेरे गुरु के समान बड़े भाई

श्री अमर सिंह (अध्यापक)

एवं

पूज्य माता – पिता

श्रीमती श्यामपति मौर्या

श्री अमृत लाल मौर्य

को समर्पित

෬෭

क्रम-सूची

प्रस्तावना

महाकवि कालिदास समग्र नभस् को अपने प्रदीप्त प्रकाश से प्रपूरित करने वाले सूर्य एवं जड़ चेतन समस्त संसार को शीतलता प्रदान करने वाले चन्द्रमा की भाँति तेजोदीप्ति एवं आह्लादकता इन उभयविध वैशिष्ठ्यों को समेटे संस्कृत साहित्याकाश में दीप्यमान समुज्ज्वल हीरक रत्न हैं | उपमाओं एवं उत्प्रेक्षाओं के मनोहारी वितान में विराजित, वैदर्भी रीति का सुन्दर पदविन्यास, महाकवि कालिदास की कविता वनिता साहित्यप्रासाद में पट्टमहिषी की भाँति शोभायमान है |

समालोचकों ने महाकवि कालिदास के साहित्य सिन्धु का अनेकधा आलोडन किया है | इसके परिणाम स्वरूप अनेक ग्रन्थ मौक्तिक निस्सृत हुए | महाकवि के अनेक पक्षों को लेकर अनेक ग्रन्थ रचे गए तथा अनेक पक्षों का गम्भीर अनुशीलन भी हुआ | कालिदास के साहित्य के एक ऐसे ही अनालोचित पक्ष पर लेखनी चलाने का उपक्रम मेरा शिष्य 'डॉ० वीरेन्द्र कुमार मौर्य, ने किया है | उन्होंने कालिदास के मेघदूत में आये हुए साहित्य एवं भूगोल को अन्वेषित करने का प्रयास किया है एवं अपने पुस्तक का शीर्षक दिया है – "महाकवि कालिदास कृत मेघदूतम् का साहित्यिक एवं भौगोलिक अनुशीलन" | जिसमे मेघदूत के साहित्यिक अन्वेषण के साथ-साथ कालिदास के बताये गए मेघ मार्ग एवं भौगोलिक घटकों का उद्घाटन तथा तात्कालिक परिपेक्ष्य में भौगोलिक एवं जलवायु घटकों का अत्यन्त सुन्दर प्रयोग उद्घाटित किया है |

आशय यह है कि समग्र कवि संसार ऐसी अनेकानेक रमणीय उक्तियों से भरा पड़ा है | कालिदास का साहित्य भी इसका अपवाद नहीं है | अनेक सुन्दर प्रयोग वहाँ कवि लेखिनी से चित्रित हुए हैं | डॉ० वीरेन्द्र कुमार मौर्य ने प्रस्तुत पुस्तक में मेघदूत में आये हुए ऐसे समस्त साहित्यिक एवं भौगोलिक तथ्यों को खोजकर उनका सयुक्तिक विवेचन किया है | उनका यह प्रयास नितान्त श्रमसाध्य रहा है | मै इस सुन्दर एवं मौलिक समालोचनात्मक अध्ययन के लिए उन्हें हार्दिक साधुवाद देती हूँ एवं उनके सुखद तथा समुज्ज्वल भविष्य की कामना करती हूँ |

डॉ० शाहीन जाफरी
प्रोफेसर एवं अध्यक्षा
संस्कृत विभाग
शिबली नेशनल पी०जी० कॉलेज आज़मगढ़ उ० प्र०

भूमिका

रमणीय उपमाओ के लिए प्रसिद्ध एवं कविकुलगुरु की उपाधि से विभूषित महाकविकालिदास न केवल संस्कृत-साहित्य में अपितु विश्व-साहित्य में अप्रतिम है| महाकवि के महाकाव्य और नाटक नवीनता, सरसता, मौलिकता एवं हृदयग्राहिता के कारण साहित्यजगत् में अपना अनन्यतम स्थान रखते है | यह महाकवि का वैशिष्ट्य ही है कि इनकी रचनाये जहाँ एक ओर मानव मन की अतल गहराइयो का स्पर्श करती है, वहीं दूसरी ओर इनकी विलक्षण कल्पना शक्ति का भी प्रात्यक्षीकरण कराती है | महाकवि की सात रचनाये है | महाकवि ने रामायण, महाभारत, पुराणादि के विभिन्न विषयो को आधार बनाते हुए उसमे अपनी कल्पना-प्रसून नानाविध भावनाओ को भी अभिव्यक्ति प्रदान की है | कालिदास की रचनाओ के विविध पक्षों पर समीक्षात्मक अध्ययन किया गया है तथापि कतिपय पक्ष अभी भी शेष है, जो समीक्षा एवं अध्ययन की दृष्टि से मत्वपूर्ण है, इनमे एक अन्यतम पक्ष है- मेघदूतम् का साहित्यिक एवं भौगोलिक अनुशीलन |

महाकवि ने मेघदूत में साहित्यिक विवेचन के साथ ही साथ विभिन्न स्थानों का नदियो, पर्वतो, पठारों, एवं मेघ को दूत बनाकर रामगिरि से हिमालय तक भेजने में मार्ग का बहुत ही रमणीय ढंग से विवेचन किया है | यही कारण है की मेघदूतम् के पाठक को कालिदास के साहित्य के साथ ही साथ भौगोलिक घटक मौसम, जलवायु एवं वायु की दिशा का ज्ञान होता है, एवं कालिदास के द्वारा हिमालय पर्वत तक पहुचने के लिए बताये गए मार्ग में पड़ने वाले नदियों, पर्वतों एवं अन्य स्थलों तथा कालिदास द्वारा विदित मेघ का वह मार्ग, वायु की दिशा, जलवायु, वर्षा की प्रक्रिया तात्कालिक समय में क्या स्थिति है | क्या कालिदास के हि बताये गए मार्गो का ही अनुसरण मेघ आज भी कर रहा है या कालिदास के द्वारा बताये गए वर्षा की प्रक्रिया आज भी वही है या कुछ और, यह विश्लेषण करने का प्रयास किया गया है |

संस्कृत-वाङ्मय के प्रमुख ग्रंथो में यदि महाकवि कालिदास के मेघदूत का विवेचन किया जय तो यह बात स्वत: हि स्पष्ट हो जाती है कि मेघदूत में साहित्य के साथ ही साथ भूगोल का विस्तृत वर्णन किया गया है | इस दृष्टि से साहित्यिक एवं भौगोलिक घटकों के संचयन एवं विश्लेष्ण हेतु मैंने कविकुलगुरु कालिदास विरचित मेघदूतम् के अध्ययन का निश्चय किया|

यह परमपिता परमेश्वर शिव की असीम अनुकम्पा है कि मुझे महाकविकालिदास के मेघदूत पर इस नवीन एवं मौलिक विषयवस्तु पर पुस्तक लिखने का सुअवसर प्राप्त हुआ | संस्कृत (साहित्य) से नेट एवं पी-एच.डी. की उपाधि प्राप्त करने के पश्चात् मै 'नेहरू ग्राम भारती मानित विश्वविद्यालय जमुनीपुर, प्रयागराज उ० प्र०, के संस्कृत विभाग में 'सहायक आचार्य' के पद पर कार्यरत रहते हुए लेखन कार्य में प्रवृत्त हुआ| लेखन सामग्री का अवलोकन करते हुए ही मेरी दृष्टि कालिदास के मेघदूत पर गयी, इस कृति में साहित्यिक एवं भौगोलिक

अनुशीलन जैसे नवीन एवं रोचक विषय का चयन करके इसे पुस्तक का आकर देने हेतु मेरा मस्तिष्क उद्वेलित हो उठा | यूँ तो संस्कृत साहित्य की ओर मेरा आकर्षण पहले से ही रहा है परन्तु 'मेघदूत पर साहित्यिक एवं भौगोलिक अनुशीलन' जैसे नूतन विचार को अध्ययन का विषय बनाकर लेखन की प्रेरणा मुझे मेरी गुरु प्रो॰ शाहीन जाफ़री जी (शिबली नेशनल कॉलेज आज़मगढ़) से प्राप्त हुई | इन्ही के सौहार्दपूर्ण निर्देशन ने मुझे विषय का अवगाहन करने हेतु एक अनुसंधित्सु की भांति अंतर्दृष्टि प्रदान की, जिसके फलस्वरूप मै इस पुस्तक को मूर्त रूप देने में समर्थ हुआ अत एव मै यहाँ सर्वप्रथम परमपिता परमेश्वर को प्रण्मन समर्पित करने के पश्चात् प्रातः स्मरणीया प्रो॰ शाहीन जाफ़री जी के प्रति नतेन शिरसा आभार व्यक्त करना चाहता हूँ | यहाँ अन्य गुरुजनों का आशीर्वाद मेरे इस कार्य में सम्बल बना| परमादरणीय प्रो॰ अभिराज राजेन्द्र मिश्र जो मेरे गुरु हैं का समय-समय पर आशीर्वाद एवं मार्गदर्शन प्राप्त हुआ, आपको मै सादर प्रणाम करता हूँ| पारिवारिक सदस्यों में बड़े भाई श्री अमर सिंह (अध्यापक) एवं भाभी जी श्रीमती चन्दा देवी ने सदैव मेरा उत्साहवर्धन एवं मार्गदर्शन प्रदान किया अतः उनके चरण कमलो में मै अपना प्रणाम समर्पित करता हूँ एवं जिनके आशीर्वाद से सिङ्चित हो कर मै पल्लवित एवं पुष्पित हुआ ऐसे पिता जी श्री अमृत लाल मौर्य एवं माता जी श्रीमती श्यामपति मौर्या, दादा जी श्री शंकर लाल, दादी जी श्रीमती चन्द्रकली के चरणरज को प्रणाम करता हूँ एवं अन्त में लक्ष्मी स्वरूपा धर्मपत्नी श्रीमती साधना कुशवाहा को विशेष रूप से धन्यवाद ज्ञापित करता हूँ | जिन्होंने धार्मिक कर्तव्यों का निर्वहन करते हुए मेरे कार्य में सम्बल बनीं, साथ ही मै अपने प्रकाशक Notion Press का आभार व्यक्त करता हूँ जिनके प्रयत्न से ग्रन्थ प्रकाशित हो सका एवं अन्य सहयोगियों के प्रति भी आभार प्रकट करता हूँ |

डॉ॰ वीरेन्द्र कुमार मौर्य
बी॰ एड॰, नेट, पी-एच॰ डी॰
01 मार्च 2023
प्रयागराज

1

कालिदास का व्यक्तित्व एवं कृतित्व

अमर भारतीय काव्य के अमर प्रणेता कविता कामिनी के मधुरिम विलाश रससिद्ध कविवर कालिदास साहित्य जगत के देदीप्यमान भास्कर हैं। वे व्यक्तित्व के धनी हैं| उनके गुणों एवं कुछ प्राप्य रचनाओ के माध्यम से उनके व्यक्तित्व के कुछ करीब तक पंहुँचा जा सकता है| अपनी कार्यित्री प्रतिभा के बल से दो महाकाव्यों,दो गीतिकव्यो तथा तीन महारुपकों का प्रणयन किया , केवल तीन नाटक लिखकर कालिदास पाश्चात्य समीक्षको के मध्य कई गुना अधिक नाटको का सर्जन करने वाले शेक्सपियर से तुलना पा कर 'शेक्सपियर आफ इण्डिया , की उपाधि प्राप्त कर चुके है | उसमे भी अभिज्ञानशाकुन्तलम् में समुत्छलित भावधारा तो उनको विश्व के साहित्य शिखर पर पंहुचा दिया है | बहुत प्रसिद्ध है की १८वी शताब्दी के अन्त में जब अभिज्ञानशाकुन्तलम् नाटक का पहले अंग्रेजी और फिर जर्मन भाषा में हुआ अनुवाद जब जर्मनी पंहुँचा, तो वहाँ का प्रसिद्ध कवि नाटककार 'गेटे, सम्पूर्ण अभिज्ञानशाकुन्तलम् को अनुदित रूप में पढ़ कर गदगद हो गया , आनन्द रूप से उछल कर उसने शाकुंतल के प्रशस्ति में बड़े प्रसिद्ध वाक्य लिखे जो नाटक की भूमिका में अंकित है , जर्मन के प्रसिद्ध विद्वान गेटे ने शाकुंतल नाटक का जर्मन भाषा में जो अनुवाद किया वो जर्मन के 'गेटे संग्रहालय' में सुरक्षित है | ये कालिदास के असाधारण व्यक्तित्व को ही परिलक्षित करता है|

कालिदास के व्यक्तित्व से समाज इतना प्रभावित हुआ कि लोग कालिदास की पूजा करने लगे , इस देश में देवी देवताओ, ऋषिओं आदि की मन्दिर तो अनजाने काल से बन रहे हैं| जहाँ-तहाँ अत्यन्त लोकप्रिय विक्रमादित्य जैसे राजाओं के भी मन्दिर सुने जाते है परन्तु किसी कवि का मन्दिर बनाकर उसमे उसकी पूजा होती रहे यहा दुर्लभ प्रसंग है | लेकिन प्राचीन कवियों में कालिदास की प्रतिमा मन्दिर में प्रतिष्ठित है और उसकी विधिवत पूजा की ब्यवस्था भी है | उड़ीसा के 'केन्द्रपाडा,जिले में अलेलियो ग्रामपंचायत के अन्तर्गत बाबाकारपुर ग्राम में प्रायः दो शताब्दी प्राचीन मन्दिर में कालिदास की प्रतिमा प्रतिष्ठित

है[1] वहाँ विधिवत पूजा होती है, भोग लगाया जाता है, बड़ी संख्या में वहाँ आस – पास के गावों से श्रद्धालु आकर अर्चना करते है | समस्त परिक्षार्थी इस विद्या के देवता की अर्चना करते है|

<u>कालिदास का राष्ट्रिय और अन्ताराष्ट्रीय व्यक्तित्व –</u>

कालिदास <u>अन्ताराष्ट्रीय</u> ख्याति के राष्ट्र कवि हैं अरविन्द घोष के शब्दों में महाकवि कालिदास सच्चे राष्ट्र कवि हैं|[2] यद्यपि उनकी कविता का आयाम उत्तरोत्तर विस्तृत एवं विशाल होता जा रहा है संसार की शायद ही कोई अभागिनी भाषा होगी जिस में कालिदास की कृति का रूपांतर न हुआ हो, समस्त यूरोप एवं अमेरिका में न केवल कालिदास की कृतियों का अनुवाद हुआ है, प्रत्युत उनका शकुन्तला ही मूल रूप में कहीं तद-तद भाषाओं में अनुदित होकर अभिनीत हुआ है | सच तो यह है कि कई पश्चात विद्वानों ने शाकुन्तल का रसास्वादन करने के लिए संस्कृत भाषा सीखी | इस तरह हम देखते हैं कि कालिदास राष्ट्र के संकीर्ण घर में बंद नहीं हैं, वे तो विश्व प्रसिद्ध कवि हैं उनकी ख्यति उनके हिमालय वर्णन के संदर्भ में कही गई उक्त स्थित : *पृथिव्या इव मानदण्डः [3]*| की भाति समस्त पृथ्वी मण्डल में फैला है |

विश्व कवि होने के साथ ही कालिदास हमारे राष्ट्रीय प्रतिनिधि कवि हैं| आज का भारत कालीदास का भारत है तभी तो जर्मन कवि हार्डर को मुक्त कण्ठ से यह स्वीकार करने में प्रसन्ता हुई है कि उपनिषद् एवं भागवत की अपेक्षा केवल शाकुन्तल के अध्ययन से मुझे प्राचीन भारतीयों के विचार पद्धति का अधिक वास्तविक एवं विश्वसनीय बोध हुआ है | सांस्कृतिक धार्मिक सामाजिक और राजनीतिक किसी भी दृष्टि से देखें कालिदास की रचनाओं में अपने राष्ट्र की इन विशेषताओं का रूप अंकन हुआ है | इनमें हमारी राष्ट्रीयता उजागर होती है, कहीं कवि इस क्षेत्र में स्पष्ट रुप से अपने राष्ट्र भारत का गौरव घोष करता हुआ हमारे सामने प्रस्तुत होता है, तो कहीं कला की सीमा में प्रतिबद्ध हो संकेत रूप में इस तत्व को उद्घाटन करता चलता है, किन्तु समग्र दृष्टि में कालिदास का लक्ष्य एक ही है, अपने राष्ट्र की विभूतियों का अपने राष्ट्र- गत विशेषताओं का गौरव गान करना | भारतीय जन जीवन पद्धति का रंग दीखता है, भारती आश्रम व्यवस्था में सत्वर्ष जीवन को चारभागों में विभक्त किया गया है- ब्रह्मचर, गृहस्त, वानप्रस्थ, सन्यास अर्थात् जीवन की 75 वर्ष हमारी आश्रम व्यवस्था अरण्य में सुरक्षित है | इस तरह भारत राष्ट्र का यह अपनी व्यवस्था है कि हम सहस्त्र वर्षों से आज तक प्रकृति के सन्नध में उसका अपना सहचरी बनाकर उसी भाँति पल्लवित एवं पुष्पित हो रहे हैं | यह इस राष्ट्र की ही विशेषता है कि हमारा जीवन अन्दर से एकरस्ता लिए किन्तु बाहर से बहुधा बना रहता है | जिससे हमारी ओजस्विता समृद्ध होती रहती है | भारत ही एक ऐसा राष्ट्र है जहाँ छः ऋतु का चक्र घूमता रहता है, जिसे जन जीवन में एक ताजगी बनी रहती है यथा ग्रीष्म, वर्षा, शरद, हेमन्त, शिशिर और वसन्त का आनन्द प्राप्त करते हैं | यही कारण है कि वैदिक साहित्य से लेकर आधुनिक संस्कृत साहित्य में प्रकृति के गीत खूब गये गए हैं |

कालिदास जैसा युवा कवि अपने राष्ट्र के इस मोहक छवि से कैसे उदासीन रहता उसने सबसे पहले अपने राष्ट्र के लिए ऋतु वैभव की गीत लिखना अपना कर्तव्य समझा | महाकवि ने शतों के सन्दर्भ से अभिभूत होकर एक स्वच्छ छन्द प्रस्तुत किया | वह हमारे राष्ट्रीय ऋतु चक्र के रंग-बिरंगी चित्र हैं | और राष्ट्र कवि की राष्ट्रीयता के प्रथम हस्ताक्षर हैं | कालिदास आधुनिक अवसरवादी कवियों की तरह नहीं है, जो राजनीतिक दाँव पेज की चक्कर में अपने आप को राष्ट्र कवि कहलाने के लिए प्रयत्न शील रहते हैं | किसी राजा महाराजा की लालच में आकर या आग्रह से काम नहीं करते हैं उनके सामने अखण्ड भारत का चित्र है| सारा भारत उसका भारत है| वह *'मातृभूमिः पुत्रोऽहं पृथिव्याः'[4]* का गायक हैं |

<u>कालिदास का व्यक्तित्व</u> –

1. प्रतिभा के धनी

2. उत्तम चरित्र

3. शास्त्रीय पाण्डित्य -

(क) वेद का ज्ञान

(ख) दार्शनिक का ज्ञान

(ग) धर्मशास्त्र का ज्ञान

(घ) नीतिशात्र का ज्ञान

(ङ) राजनीती शास्त्र ज्ञान

(च) कला का ज्ञान

(छ) भौगोलिक ज्ञान

(1) <u>प्रतिभा के धनी</u> –

ई॰ पू॰ प्रथम शताब्दी से ले कर चतुर्थ शताब्दी के मध्य जन्मे महाकवि कालिदास प्रतिभा के धनी थे | ये बडे ही सरल एवं स्वाभाविक ढंग से श्लोको की रचना करते थे| निम्नलिखित उदाहरण से इनकी प्रतिभा को देखा जा सकता है –'एक बार ये अपने मित्र लंका के राजा कुमारदास से मिलने गये, उन्होंने वहाँ वेश्या के घर दीवार पर लिखा हुआ , "कमले कम्लोत्पतिः श्रूयते न तु दृश्यते ,, देखा कालिदास ने दूसरी पंक्ति **"बाले तव मुखाम्भोजे कथ्मिन्दिवरद्वयम् ,,** लिख कर श्लोक पूर्ण कर दिया[5] इससे कालिदास के यश और विद्वता का ज्ञान होता है | यह कालिदास का यश और प्रतिभा ही है जिसके कारण उनके कुछ अन्त:साक्ष्यों के मिल जाने पर व्यक्ति उन्हें अपने ही देश या स्थान का सिद्ध करना चाहते हैं | यदि वे खेतों में उगती केशर के गन्ध की बात करते हैं-

यथा – विनीताश्वश्रममास्तस्य वंक्षुतीरविचेष्टनैः |

दुधुवुर्वाजिनः स्कन्धॉल्लग्नकुंकुमकेसरान[6]||

तो उपर्युक्त श्लोक के वर्णन के माध्यम से कतिपय आलोचक उन्हें कश्मीरदेशीय सिद्ध करने का प्रयास करते है | व्यक्तिवाचक नाम में काली शब्द के उपस्थिति से बंगप्रिय विचारक उन्हें बंगदेश का निवासी बताते है | हिमालय क्षेत्र की वनस्पतियों, शिलाओ,

हिमाच्छादित श्रृंखलाओं, सदानीरा, निर्झरिणियों के छलछल निनादों के वर्णनों से मुग्ध आलोचकों की एक पंक्ति उन्हें हिमालय क्षेत्र का निवासी भी बताते है[7]

उन्होंने मेघदूत में उज्जयिनी का प्रत्यक्षदृष्ट साभव्य वर्णन किया एवं मेघ का मार्ग टेढ़ा हो जाने पर भी उसे उज्जयिनी जा कर वहाँ पर महाकाल का दर्शन करने के लिए प्रेरित किया-

वक्रः पन्थाः यदपि भवतः प्रस्थितस्योत्तराशां

सौधोत्सङ्ग प्रणयविमुखो मा स्म भूरुज्जयिन्याः |

विद्युद्यामस्फुरित चकितैस्तत्र पौरंग्नानां

लोलापाङ्गैर्यदि न रमसे लोचनैर्वञ्चितोऽसि[8]||

उपर्युक्त वर्णन के आधार पर कतिपय आलोचक उनका जन्मस्थान उज्जयिनी मानते है|

उज्जयिनी प्राचीन काल में अवन्ति प्रदेश की राजधानी थी, यह शिप्रा नदी के तट पर स्थित है और यहाँ पर महाकाल शंकर का मन्दिर है| अनेक स्थलों पर इसे राजा विक्रमादित्य की राजधानी भी कहा गया है | तथा विक्रमादित्य के नौ सभारात्नो में से कालिदास एक थे | उज्जयिनी को विशाला तथा अवन्तिका भी कहते हैं | मोक्ष प्रदान करने वाली सात पुरियों में उज्जयिनी (अवन्तिका) की भी गणना की गयी है -

अयोध्या मथुरा मायाकाशी काञ्ची ह्ववन्तिका |

पुरी द्वारावती चैव सप्तैता मोक्षदायिका[9]||

उपर्युक्त वर्णन से पता चलता है कि कालिदास का उज्जयिनी के प्रति विशेष झुकाव था |

किन्तु तत्तद् विचारधारा के प्रस्तुतीकरण में समीक्षक इस तथ्य को भूल गए कि यह तो प्रतिभाशाली संस्कृत कवियों का लक्षण है कि वे अपनी रचना में विषयानुसार जिस स्थान विशेष का वर्णन करने लगते है तो इतनी तन्मयता के साथ करते हैं की वे वहीं के हो जाते हैं| और ऐसी तन्मयतापूर्ण दृष्ट वर्णन केवल प्रतिभाशाली व्यक्ति ही कर सकता है, और इस प्रकार के वर्णन से वह वहीं का निवासी प्रतीत होने लगता है | आचार्य राजशेखर के काव्यमीमांसा के अनुसार प्रतिभा के बल पर जन्मान्ध कवि भी किसी वास्तु स्थान आदि का प्रत्यक्ष दृष्ट वर्णन करने में समर्थ होते हैं-

अप्रतिभस्य पदार्थसरथः परोक्ष इव,प्रतिभावतः पुनरपश्यतोऽपि प्रत्यक्ष इव |

यतो हि मेधाविरुद्रकुमारदासादयो जात्यन्धाः कवयः श्रूयते[10]||

इस प्रकार से कालिदास की प्रतिभा प्रमाणित होती है |

(2) उत्तम चरित्र –

कालिदास के चरित्र के विषय में अनेक आलोचकों ने बहुत सी लान्छनायें लगयी | उन्होंने कहा कोई भी व्यक्ति किसी चीज को इतनी गहराई से एवं किसी स्त्री का इतना दृष्ट वर्णन नहीं कर सकता जब तक स्वयं उस कार्य को करके उसका अनुभव प्राप्त न किया हो, उदहारण के रूप में मेघदूतम् एवं अभिज्ञानशाकुन्तलम् के तृतीय अंक में सम्भोग श्रृंगार का

बड़ी गहराई से वर्णन किया है, जो अनुभवजन्य ज्ञान ही हो सकता है | अभिज्ञानशाकुन्तलम् के तृतीय अंक का यह श्लोक जो अत्यन्त श्रृंगारिक है और सम्भोग श्रृंगार का चर्मोत्कर्स है –

किं शीतलैः क्लमविनोदिभिराद्रवातान्

संचारयामि नलिनीदलतालवृन्तैः |

अङ्के निधाय करभोरु यथासुखं ते

संवाहयामि चरणावुत पद्मताम्रौ[11]||

इसी प्रकार मेघदूत में आये हुये सम्भोग श्रृंगार का दृष्ट वर्णन –

तस्याः किन्चित्करधृतमिव प्राप्तवानीरशाखं

हृत्वा नीलं सलिलवसनं मुक्तरोधोनितम्बम् |

प्रस्थानं ते कथमपि सखे लम्बमानस्य भावि

ज्ञातास्वादो विवृतजघनां को विहातुं समर्थः[12]||

तथा वेश्याओं का कई स्थान पर वर्णन मिलता है | कुछ किंदन्तियों द्वारा यह भी पता चलता है कि कालिदास की मृत्यु भी लंका में एक वेश्या के हाँथो ही हुआ है |

उपर्युक्त वर्णन से आलोचक यह तर्क लगाना चाह रहे है की सारी घटनायें कालिदास के ऊपर स्वयं कहीं न कहीं घटित हुई है | आलोचकों द्वारा कालिदास के चरित्र के विषय में कही गई उपर्युक्त बाते कलपना मात्र द्द्योतित होती है | क्योकि जो व्यक्ति चरित्रभ्रष्ट होगा वह जगत के लिए इतना सौहार्दपूर्ण कार्य कभी नहीं कर सकता | चरित्रभ्रष्ट व्यक्ति के पास ऐसा कुछ भी नहीं बचता[13], जिससे सामान्य कल्पना की जा सके जबकि इनके पक्ष में तो अतुलनीय रचनायें जुडी हुई है | कालिदास के समस्त रचनाओं को पढ़कर कोई भी व्यक्ति कह सकता है कि कालिदास चरित्र के श्रेष्ठ एवं प्रतिभाशाली कवियों के कवि महाकवि या पूरे राष्ट्र में जाने जा सकने वाले राष्ट्रकवि के रूप में जाने जाते है | इनकी प्रतिभा का बखान भारत देश में ही नहीं बल्कि विदेशों के भी विद्वान विलियमजोन्स,जर्मन विद्वान गेटे इत्यादि इनकी रचनाओं का मुक्त कन्ठ से गुणगान करते हुए नहीं थकते |

यह कालिदास के उच्च कोटि के चरित्र की ही प्रधानता है कि उन्होंने सर्वत्र मर्यादित प्रेम के प्रति ही निष्ठा व्यक्त की है, अमर्यादित प्रेम को वो प्रेम नहीं अपितु वासना मानते है | परदार व्योहार को अनार्य समझते हैं – “अनार्यः परदारव्योहारः”[14] यद्यपि उनकी प्रारम्भिक कृति ऋतुसंहार आदि कृति में प्रेम के वासनात्मक स्वरूप की झलक मिलती है |

किन्तु धीरे-धीरे उसमे विकास होता गया और वह उदात आध्यात्मिक होता गया | अत: कह सकते हैं की कवि ने प्रकृति के सौन्दर्य का मनोमुग्धकरी वर्णन किया है | लोगों को कवि के चरित्र पर भ्रम इस लिए हो गया कि वे बाह्य सौन्दर्य की अपेक्षा आन्तरिक सौन्दर्य पर अधिक बल दिया है, उनका मानना है कि सौन्दर्य को बाह्य साधनों की अपेक्षा नहीं होती |जहाँ तक मेरा मानना है ‘बाहरी सौन्दर्य भीतरी सौन्दर्य की तुलना में निष्णात और परिवर्तनीय होती है, आकाश चिरकाल से जैसे नीला है आज भी वैसे ही नीला है | समुद्र तथा नदियाँ तरंगपूर्ण होने पर भी उनका साधरण आकर एक ही प्रकार का है | परन्तु मनुष्य का

हृदय परिवर्तनशील है | अनुकम्पा होने पर प्रेम तथा प्रतिहिंसा से वही प्रेम घृणा का रूप धारण कर लेता है | जो कवि अन्तर्जगत की इस विचित्र रहस्य को खोलकर रख सकता है वह उच्चकोटि के चरित्र से युक्त प्रतिभाशाली व्यक्तित्व एवं यथार्थ कवि ही हो सकता है |

किसी वस्तु स्थान या युवती के वर्णन से उनकी वासना न समझ कर बल्कि उनकी प्रकृति प्रेम ,सौन्दर्य प्रेम ,उनका आह्लादपूर्ण वर्णन तथा उनकी तन्मयता समझनी चाहिए | प्रस्तुत है उनकी सौन्दर्य की उत्कर्षता –

अभिज्ञानशाकुन्तल की नायिका शकुन्तला का सौन्दर्य तो सर्वातिशयी है, रघुवंश की इन्दुमती विधाता की रचना का उत्कर्ष है | मेघदूत की यक्षिणी विधाता की युवति विषयक आद्या सृष्टि है –

तन्वी श्यामा शिखरिदशना पक्वबिम्बाधरोष्टी
मध्ये क्षामा चकित हरिणीप्रेक्षणा निम्ननाभिः |
श्रोणीभारादलसगमना स्तोकनम्रा स्तनाभ्यां
या तत्र स्याद् युवतिविषये सृष्टिराद्यैव धातुः[15]||

3. शास्त्रीय पाण्डित्य –

कालिदास की कृतियों को देखने से ज्ञात होता है कि उसका शास्त्री ज्ञान अगाध था | उसने वेद, दर्शन, उपनिषद्, रामायण, महाभारत, गीता, धर्मशास्त्र, अर्थशास्त्र, कामशास्त्र, राजनीति, व्याकरण, काव्यशास्त्र, छन्दशास्त्र और ज्योतिष आदि का गम्भीर अध्ययन किया था | अतेव स्थान-स्थान पर उसके शास्त्रीय पाण्डित्य के सूचक पद्य आदि मिलते है –

(क) वेदज्ञान – उसने निम्नलिखित स्थलों पर वेदज्ञान प्रकट किया है –
अमी वेदिं परितः क्लृप्तधिष्ण्याः
समिद्वन्तः प्रान्तसंस्तीर्णदर्भाः |
अपघ्नन्तो दुरितं हव्यगन्धै-
र्वैतानास्त्वा वह्नयः पावयान्तु[16]||
से उसने प्रकट किया है की वह वैदिक छन्द में भी पद्य बना सकते हैं –
तव भवतु विडौजाः प्राज्यवृष्टिः प्रजासु
त्वमपि वितत्यज्ञो वज्रिणं प्रीणयस्व |
युगशतपरिवर्तानेवमन्योन्यकृत्यै-
र्नयतमुभयलोकानुग्रहश्लाघनीयैः[17]|
के द्वारा वह यज्ञ का समर्थन करते है | जैसा की गीता में "देवन् भवयतानेन॰"[18]के द्वारा यज्ञ का समर्थन है |

"दिष्टया धुमाकुलितदृष्टेरपि पावक एवाहुतिः पतिता,,[19]के द्वरा भी यज्ञ विधि का समर्थन किया गया |

दिष्टया शकुन्तला साध्वी सदपत्यमिदं भवन् |

श्रद्धा वित्तं विधिश्चेति त्रितयं तत् समागतम्[20]||

उपर्युक्त श्लोक के माध्यम से यज्ञ की सफलता के लिए उपयोगी बातों का संग्रह है |

या सृष्टिः स्त्रष्टुराद्या वहति विधिहुतं या हविर्या च होत्रि,

ये द्वे कालं विधत्तः श्रुतिविषयगुणा या स्थिता व्याप्यं विश्वम् |

यामाहुः सर्वबीजप्रकृतिरीति यया प्राणिनः प्राणवन्तः ,

प्रत्यक्षाभिः प्रपन्नस्तनुभिरवतु वस्ताभिरष्टाभिरीशः[21]||

उपर्युक्त श्लोक के माध्यम से कालिदास ने शिव के अनेकरूपता का वर्णन किया है जैसे की वेद मे "एकं सद् विप्र बहुधा वदन्ति"[22] के द्वारा ईश्वर को अनेक रूप माना है | रघुवंश में अश्वमेधादि यज्ञों का वर्णन किया है –

"तुरङ्गमेधावभृथावतीर्णैः"[23]

"वत्से, सुशिष्यपरिदत्ता विद्येवाशोचनीयसि संवृत्ता"[24] के द्वारा निरुक्त के कथन "विद्या ह वै ब्राह्मणमाजगाम०,,[25]का भाव दिया है |

(ख) <u>दार्शनिक ज्ञान</u> –

निम्नलिखित स्थलों पर अपना दार्शनिक ज्ञान प्रकट किया है –

असंशयं क्षत्रपरिग्रहक्षमा

यदार्यमस्यामभिलाषि में मनः |

सातां हि सन्देहपदेषु वस्तुषु

प्रमाणमन्तः करणप्रवृत्तयः[26]||

उपर्युक्त श्लोक के द्वारा कालिदास ने अन्तःकरण का दार्शनिक स्वरुप अभिव्यक्त किया है |

"रम्याणी वीक्ष्य०,,[27]के द्वारा संस्कारो का दार्शनिक महत्व व्यक्त किया है | "अव्यक्तमिव स्नात०,,[28]के द्वारा बध्द और मुक्त में अन्तर दिखाया है | "स्मृतिभिन्नमोहतमसो०,,[29]के द्वारा स्मृति और अज्ञानावरण को स्पष्ट किया है | इसी प्रकार रघुवंश के "बुध्देरिवाव्यक्तमुदाहरन्ति,,[30] के द्वारा साख्यदर्शन के सिध्दान्त को स्पष्ट किया है |

कालिदास का कुछ अन्य शास्त्रीय पाण्डित्य निम्नलिखित है-

(ग) <u>धर्मशास्त्र का ज्ञान</u> –

कालिदास ने अपनी रचनाओं द्वारा यह स्पष्ट कर दिया है की उनका शास्त्रीय एवं व्यवहारिक ज्ञान कितना व्यापक और सार्वभौम है | भूगोल, खगोल, राजनीति, ज्योतिष आयुर्वेद आदि संस्कृत वांग्मय के साथ – साथ धर्मशास्त्र का भी वृहद् ज्ञान रखते है | तपस्या त्याग और तपोवन इन तीनों को कालिदास की रचनाओं में अत्यन्त महत्व दिया गया है |अपने धार्मिक ज्ञान का प्रयोग करते हुए कालिदास ने अभिज्ञानशाकुन्तलम् के चतुर्थ अंक में अपने स्मृतियों का ज्ञान प्रकट किया है कि कन्या एक धरोहर है | उसका विवाह कर देने पर मनुष्य उऋण होता है-

अर्थो हि कन्या परकीय एव
तामद्य संप्रेष्य परिग्रहीतुः |
जातो ममायं विशदः प्रकामं
प्रत्यर्पितन्यास इवान्तरात्मा[31]||

इसी प्रकार स्मृतियों में समर्थित गन्धर्व – विवाह का वर्णन करते हुए कहते है कि 'अपने गुरुजनों का भय मत करो | तुम्हारे विषय में सब कुछ जान कर धर्म को जानने वाले पूजनीय कुलपति (कण्व) इस विषय में कुछ बुरा नहीं मानेंगे- भीरु अलं गुरुजनभयेन दृष्टवा ते विदितधर्माः[32] ...और भी –

गान्धर्वेण विवाहेन बाह्त्यो राजर्षिकन्यकाः |
श्रूयन्ते परिणीतास्ताः पितृभिश्चाभिनन्दिताः[33]||

इसी प्रकार स्मृति प्रतिपादित सुगृहिणी के कर्तव्यो का वर्णन है –

शुश्रूषस्व गुरून् कुरु प्रियसखीवृत्तिं सपत्नीजने
भर्तुर्विप्रकृताऽपि शेष्णतया मा स्म प्रतीपं गमः |
भूयिष्ठं भव दक्षिणा परिजने भाग्येश्वनुत्सेकिनी
यान्त्येवं गृहिणीपदं युवतयो वामाः कुलस्याधय[34]||

यज्ञ के महत्व का समर्थन – **श्रध्दा वित्तं[35]** ..

(घ) **नीतिशास्त्र का ज्ञान** –

कालिदास ने अपने विभन्न ग्रन्थों के माध्यम से नीतिशास्त्र के ज्ञान का भी परिचय दिया है | कालिदास ने अपने मेघदूत में नैतिकता का परिचय देते हुए कहा है कि- "गुणी के आगे हाथ फैलाकर खाली हाथ लौटना अच्छा है, परन्तु नीच से मनचाहा फल पा जाना भी अच्छा नहीं होता,, -

"याच्चा मोघा वरमधिगुणे नाधमे लब्धकामा,,[36]

इसी प्रकार मेघ के द्वारा आम्रकूट के जंगलो में लगी आग को बुझाकर उपकार करने की बात को कहते हुए नीतिपूर्वक वचन बोलते है –

त्वामासारप्रशमितवनोपप्लवं साधू मूर्ध्ना
वक्ष्यत्यध्वश्रमपरिगतं सानुमानाम्रकूटः |
न क्षुद्रोऽपि प्रथमसुकृतापेक्षया संश्रयाय
प्राप्ते मित्रे भवति विमुखः किं पुनर्यस्तथोच्चैः[37]||

इसी प्रकार एक अन्य उपकार की बात करते हुए कहते है "यदि श्रध्दा- भक्ति से बड़ो पर उपकार कियर जाय तो वो अपने ऊपर उपकार करने वाले का आदर करने में देर नहीं लगाते,,

अन्तः सारं घन तुलयितुं नानिलः शक्यति त्वां |
रिक्तः सर्वो भवति हि लघुः पूर्णता गौरवाय ||[38]

व्यर्थ का काम करने वाले लोगो को नीचा दिखाने के लिए निति पूर्वक बात का समर्थन करते हुए कहते है –

ये संरम्भोत्पतनरभसाः स्वाङ्गभङ्गाय तस्मिन्
मुक्ताध्वानं सपदि सरभा लङ्गयेयुर्भवन्तम् |
तान्कुर्वीथास्तुमुलकरकावृद्धिपातावकीर्णन्के-
वान स्युः परिभवपदं निष्फलारम्भयत्नाः ||[39]

इसी प्रकार अभिज्ञानशाकुन्तल के चतुर्थ अंक के दूसरे श्लोक में चंद्रमा और सूर्य के अस्त एवं उदय होने को माध्यम बना कर सुःख और दुःख के परिवर्तन होते रहने की नीतिपूर्वक बातें बताई –

यात्येकतोऽस्तशिखरंपतिरोषधीना–
माविष्कृतोऽरुणपुरःसरएकतोऽर्कः |
तेजोद्वयस्ययुगपदव्यसनोदयाभ्यां
लोकोनियम्यताइवात्मदशान्तरेषु[40] ||

इसी प्रकार “अतःपरीक्ष्यकर्तव्यं[41]०”से बताया की प्रेम किससे करना चाहिए |

(ङ)राजनीति शास्त्र का ज्ञान –

कालिदास ने बहुत से स्थलों में राजतंत्र के लाक्षणिक शब्दों का व्यवहार किया है और अप्रत्यक्ष रूप से राजनीति की पुस्तकों की ओर संकेत भी | कवि द्वारा उनका हवाला अवश्य पारंपरिक था | इस अध्याय में इन शब्दों पर विचार किया जा सकता है | ‘मालविकाग्निमित्रम, के प्रथम अंक में ‘व्यावहारिक या लाभकारी शास्त्र के अविष्कारक’ के अर्थ में वह तंत्रकार[42] शब्द का प्रयोग करते हैं| अग्निमित्र के विचार को मान्यता देता है | उसका मंत्री कहता है “महाराज शास्त्र सम्मत ही कहते हैं” इत्यादि | मंत्री ने राजनीति शास्त्र के जिन पद्यमय वाक्यों का उद्धरण प्रमाण में उपस्थित किया वह किसी राजनीति पुस्तक से लिए गए प्रतीत होते हैं | उन पुस्तकों का पता लगाना इस समय कठिन है, परंतु कालिदास के समय में उनसे सभी परिचित थे अथवा राजनीति के कुछ सूत्रों का पद में अनुवाद भी होना संभव है| पालकाव्य के हंसते हस्त्यार्वुद में[43] ऐसे ही तंत्रकार शब्द का प्रयोग हमें मिलता है| जिस अर्थ में तंत्र शब्द का पंचतंत्र में प्रयोग हुआ है | उसी अर्थ में इस नाटक में भी | परंतु कवि ने लोकतंत्र का प्रयोग केवल शास्त्री अर्थ में किया है यानी शासन के व्यवहारिक शास्त्र के अर्थ में | इसलिए तंत्र का यदि प्रसंगानुसार अर्थ किया जाए तो इसका अर्थ राजनीति के निबंध के अतिरिक्त और कुछ नहीं हो सकता।

लोकतंत्र शासन की कला है, राज्य संचालन का व्यावहारिक विज्ञान, दंडचक्र (दंड-सैन्य, चक्र-वृत्त) एक पूरी चतुरंगिणी[44] सेना का द्योतक है | ‘चतुर्विधां राजनीतिम्’ और ‘चतुर्भिरूपकमैः’ ऐसे वाक्यांश है | जो चार प्रकार की नीति की ओर संकेत करते हैं, जिनको टीकाकार साम, दानविधि, भेद और विग्रह[45] का नाम देता है | शान्त करना, धन देकर प्रसन्न करना, गृह कला उत्पन्न कराना, और दंड देना (युध्द),ये चार क्रमशः राजनीति की

पारंपरिक चालें थी | इनको शुक्र नीति में साम (शांति), दान (क्रय), भेद (अलग करना) और दंड (प्रतिफल) (अध्याय 4, पाठ 1, 52-82) कहा गया है | कालिदास स्पष्ट लिखते है कि शूरता-रहित कूटनीतिज्ञता कायरता मात्र है | राजनीति के विना शूरता पशुओं[46] के कार्य के सदृश है, इसलिए इन चार नीतियों के साथ शत्रु के मर्मस्थल[47] पर आघात करके सफलता की इच्छा की जाती है |

एक सम्राट के साम्राज्य की सीमाओं का एक आदर्श वर्णन कालिदास करते हैं, वे प्राकृतिक सीमाओं का समर्थन करते हैं और ऐसे एक सम्राट के महत्वों का वर्णन स्पष्ट शब्दों में करते नहीं थकते, जो शासक हैं एक राज्य का, जो सागरों तक विस्तृत है[48] एक चक्रवर्ती अपने समस्त साम्राज्य पर एक नगर के समान शासन करता था, जो समुद्र तक विस्तृत था और सारी पृथ्वी पर शासन करने में भी उसके अधिकार में भाग लेने वाले कोई विरोधी शक्ति नहीं थी।

(च) *ललितकला का ज्ञान –*

कालिदास, जैसा कि उनकी रचनाओं से प्रत्यक्ष होता है, बड़ी योग्यताओं वाले व्यक्ति थे और उनमें सौंदर्य भावना की असामान्य मात्रा थी, उन्होंने ललित कलाओं की अनेक शाखाओं का सविस्तार वर्णन किया है | कविता तथा नाटक, संगीत तथा नृत्य, चित्रकला, भास्कर्य और मृण्मूर्तिकरण तथा स्थापत्य-विविध विवरण युक्त सबका वर्णन किया गया है |

कालिदास प्रथम श्रेणी के संस्कृत कविता के युग के प्रतिनिधि कवि हैं | उनकी अपनी कविता सर्वोच्च कोटि की है और संस्कृत साहित्य में माधुर्य और परिपाक में सर्वोत्कृष्ट है| गीतिकाव्य मेघदूत ने अपनी रूपकमय तथा रोमांचकारी स्वर-लहरी के द्वारा संसार को मुग्ध कर लिया है | 'रघुवंश' और 'कुमारसंभवम्' दो ऐसी कथावस्तु हैं, जिनका सर्वमान्य श्रेय कालिदास की प्रतिभा को प्राप्त है | 'अभिज्ञानशाकुंतल' मर्त्यों को अभिभूत करने वाले कोमलतम भावों का प्रतीक है और यह अपने रचयिता को सर्वकालीन जगत् के सर्वश्रेष्ठ कवियों की पंक्ति में होने की ओर संकेत करता है |

कालिदास स्वयं अपनी कविता की उत्कृष्टता को स्वीकार करते हैं और यह सूचित करते हुए एक अर्थमय पंक्ति का समावेश करते हैं कि किसी कृत्य की उत्कृष्टता उसकी रचना की प्राचीनता पर निर्भर नहीं करती किंतु योग्य समालोचकों[49] की प्रशंसा जब उसे प्राप्त होती है तभी वह उत्कृष्ट समझी जाती है | अपने प्रख्यात पूर्व पुरुष वाल्मीकि मुनि के प्रति उनका भाव सम्मान पूर्ण विनम्रता का[50] है |

रंगमंच व्यस्त तथा प्रेक्षागृह दर्शकों से भरा हुआ रहता था | विवाह और वसंतागमन के उत्सवो पर[51] अभिनय साधारणतया होता था | विवाह संस्कारों की समाप्ति पर आनंद एवं उल्लास आरंभ होता[52] और कुमारिया नाटक के सदृश ही कुछ अभिनय करती थी जो शालीन नाट्य के साथ हावभावमय में नृत्य को मिश्रित करती और जिनकी सब्दायमान भाव-भंगिमा एक अभिनेता की कला के साथ जीवन के दृष्टि पथ में हृदय की उद्याम

चेस्टएँ लाती थी और जो 'कौशिकी' जैसी कृतियों में निष्णात थी | 'मालविकाग्निमित्रम्' एवं 'अभिज्ञानशाकुंतल' नामक नाटक वसंतोत्सव[53] के अवसर पर अभिनीत हुआ था |

इसी प्रकार यदि ललितकला की योजनाओं पर दृष्टिपात किया जाए तो मेघदूत में संगीत ध्वनि से नगर प्रतिध्वनी होते थे और इसका उदाहरण हमें कुबेर नगरी के वर्णन में मिलता है| मृदंग के सदृश वाद्य यंत्रों के स्वर से अलकापुरी गूंजती हुई वर्णित है जो स्पष्ट ही निपुण रमणियों[54] द्वारा वादित थे | यह निर्वासित यक्ष की पत्नी है जो अपने पति के अनुपस्थित में अत्यंत दुख के कारण वाद्य तथा कंठ सभी प्रकार के संगीतों की ओर प्रयत्न करती है किंतु पराजित हो बैठती है | अपनों गघनो पर वीणा को रखकर उसके स्वर में अपने स्वामी के यशोगान में तल्लीन होती है यद्यपि उसकी आंतरिक वेदना इतनी उग्र है कि वह सरलता से सुख पूर्वक संगीत क्रम को नहीं चला सकती और वह अपनी सुष्ठुतया अभ्यस्त मूच्छना भी भूल जाती है |

उक्त संगीतसाला संस्था थी जो हमारी महिलाओं को 'मालविका'[55] 'परिव्राजिका'[56] और 'शर्मिष्ठा'[57] के सदृश संगीत और नाट्य की ललित कलाओं में निपुण बनाती थी | आरंभिक युगों में शर्मिष्ठा ने संगीत में अनुपम दक्षता प्राप्त की थी | नाट्य के समीक्षण में उसकी (छलिक) को देने में संगीत कला की उसकी साधनाओं की ओर संकेत कवि ने किया है | शर्मिष्ठा का निबंध चार भाग वाली एक रचना है | जिसके मध्य में समय आश्रित है | यह उद्धरण संयोगवश एक नारी द्वारा रचित संगीत कलात्मक निबंध की विद्यमानता उपस्थित करता था | शर्मिष्ठा का उल्लेख 'अभिज्ञानशाकुंतलम्' में भी हुआ है ऐसा कहा जाता है कि उसमें कई संगीतांगों का निर्माण किया है और संगीत संबंधी कुछ नियम बनाए हैं |

उज्जयिनी[58] के महाकाल के विशाल देवालय में गाने और नाचने के लिए वेश्याएं रखी जाती थी | वे देवालय की नियमित वासियाँ थी | जिनका कार्य था शिव के सम्मान में नृत्यगान के अतिरिक्त महादेव की चामर-वाहिनियों के रूप में उपस्थित होना |

(छ) भौगोलिक ज्ञान -

कालिदास का भौगोलिक ज्ञान बेहद विस्तृत है | अपने पूर्वमेघ के माध्यम से उसने नागपुर (रामगिरी पर्वत) से लेकर हिमालय पर्वत तक विस्तृत भौगोलिक वर्णन किया है | उन्होंने पर्वत, पठार, मैदान एवं जंगल का बेहद सटीक वर्णन किया है | आज के समय में अनेक भूगोलवेत्ताओ ने जो कुछ भी भू-आकृति विज्ञान एवं जलवायु विज्ञान में बताया है वह सारी चीजें कालिदास अपने समय में पहले ही अपने अनेक ग्रंथों में सटीक वर्णन कर दिये थे | वह सारी भौगोलिक घटनाएं आज भी कालिदास के द्वारा बताए गए बातों पर ही चल रहे हैं | एक भूगोलवेत्ता के ज्ञाता को घुमक्कड़ होना बहुत आवश्यक होता है | इसको देखते हुए कालिदास उत्तर भारत से लेकर दक्षिण भारत तक उन्होंने भ्रमण किया था | कालिदास जिस रामगिरि पर्वत का वर्णन किया था उसे आज के भूगोलवेत्ता रामटेक पर्वत के नाम से वर्णित करते हैं| इसी क्रम में उन्होंने भू-आकृति विज्ञान के रूप में 'रेवा' नदी आज के भूगोलवेता के

अनुसार नर्मदा नदी के साथ साथ क्षिप्रा, गंगा इत्यादि नदियों का वर्णन बड़े चमत्कारी ढंग से किया है, इसके साथ हि दशार्ण एवं उजैन जैसे महत्त्वपूर्ण स्थलों का वर्णन बहुत विस्तृत ढंग से क्या है, 'ऋतुसंहार' नमक ग्रन्थ में बताई गई षड् ऋतुए आज भी भारत में देखी जाती है |

कालिदास का कृतित्व

काव्य जगत में कालिदास की असाधारण प्रसिद्धी के कारण बाद में उनका नाम एक उपाधि के रूप में हो गया जिस प्रकार आजकल शंकराचार्य नाम उपाधि के रूप में है और चारों मठों के अध्यक्ष शंकराचार्य के रूप में जाने जाते हैं उसी प्रकार बाद में जो सुयोग्य राज्य कवि हुए, उन्हें राजा के द्वारा कालिदास की उपाधि प्राप्त हुई या उन्होंने अपना उपनाम ही कालिदास रख लिया, परिणाम स्वरूप अनेक कालिदास हो गए और उनकी रचनाएं भी कालिदास कृत कही जाने लगी | 'राजशेखर' को ऐसे तीन कालिदासो का ज्ञान था | आत: उसने कहा –

एकोSपिजीयतेहन्तकालिदासोनकेनचित्।

श्रृङ्गारेललितोद्गारेकालिदासत्रयीकियु।।[59]

कालिदास के नाम से 41 रचनाएं प्रचलित है[60]। यथा –

(1) कुन्तलेश्वरदौत्य (2)अम्बास्तव (3)घटकर्पर(4) नलोदय (5)सेतुबन्ध (6)श्रुतबोध (7)उत्तरकालामृत (8)दुर्घटकाव्य (9)गंगाष्टक (10)कल्याणस्तव (11)कालिस्तोत्र (12)चण्डिकादण्डकस्तोत्र (13)चर्चास्तव (14)मकरन्दस्तव (15)काव्यनाटकालंकार (16)विद्वदि्वनोदकाव्य (17)ज्योतिर्विदाभरण (18)नवरत्नमाला (19)पुष्पगणविलास (20)मंगलाष्टक (21)महापद्याष्टक (22)राक्षसकाव्य (23)रत्नकोष (24)लक्ष्मीस्तव (25)लघुस्तव (26)वृन्दावनकाव्य (27)वैद्यमनोरमा (28)युद्धचन्द्रिका(29) श्रंगारतिलकइत्यादि[61]।

यह सभी रचनाएं कविकुलगुरु कालिदास की हैं| यह प्रवादमात्र है | कालिदास के अनन्तर यह शब्द कवित्व सभार्जित करने वाली उपाधि बन गया | उसी प्रकार इसके आश्रयदाता विक्रमादित्य का नाम भी उदार पराक्रमी राजाओं की उपाधि के रूप में प्रयुक्त किया जाने लगा | आचार्य राजशेखर (10 वी शती)ने अपने समय तक विख्यात हो चुके तीन कालिदासो का उल्लेख किया है |धराधीश भोज का आश्रित नवसाहसांकचरित का रचयिता पद्यगुप्त (परिमलगुप्त) भी कालिदास की उपाधि से अलंकृत था | अतः महाकवि कालिदास के कृतित्व के रूप में उक्त कृतियों की पहचान विवादास्पद ही है |

निम्नलिखित सात कृतियों को बहुविद्वत सम्मति से कालिदास की कारयित्री प्रतिभा से निःसृत होने का सम्मान प्राप्त है –

खंडकाव्य- ऋतुसंहारम्, मेघदूतम् |

महाकाव्य – रघुवंशम्, कुमारसंभवम् |

रूपककाव्य – मालविकाग्निमित्रम्, विक्रमोर्वाशीयम्, अभिज्ञानशाकुन्तलम् |

1.<u>ऋतुसंहार</u>–

यह कालिदास की सर्वप्रथम रचना मानी जाती है[62],क्योंकि इसकी शैली उस स्तर की नहीं है जिस स्तर की अन्य रचनाओं की है | कुछ तो ऐसे लोग भी हैं जो इसे कालिदास की कृति मानना ही नहीं चाहते, इसका कारण यह बताया जाता है कि यह कविता कालिदास के अन्य ग्रंथों में पाई जाने वाली नैतिक विशेषताओं से बिलकुल शून्य है | इसमें किसी प्रकार का वह चित्र नहीं है और किसी प्रकार का जीवन दर्शन इसमें अभिव्यक्त नहीं हुआ है | कालिदास के प्रसिद्ध टीकाकार 'मल्लिनाथ' ने इस ग्रंथ पर टीका भी नहीं लिखी, यह भी इस विद्वानों के लिए एक ऐसा पक्का प्रमाण है, जो यह सिद्ध करता है कि 'ऋतुसंहार' कालिदास की रचना नहीं है | परंतु अधिकतर विद्वान इस मत को स्वीकार नहीं करते | अत्युत इतना मानने को तैयार हैं कि यह उनकी आरंभिक कृति है।

वस्तुतः ऋतुसंहार का मुख्य उद्देश भारतवर्ष की ऋतु मासों का परिचय कराना था | श्रृंगार की प्रधानता नहीं, इसमें छः सर्ग और 144 श्लोक हैं[63] |ऋतुसंहार ऋतुओं का बड़ा ही मार्मिक वर्णन है | यहां प्रकृति कोई तटस्थ बाहरी सता नहीं है बल्कि मनुष्य की आशा आकांक्षा के साथ निरंतर ताल मिलाकर चलने वाली वैसे ही संगिनी है जैसी वह कालिदास के अन्य ग्रंथों में मिलती है | कठोर ग्रीष्म हो या कोमल वसंत, आह्लादायिनी वर्षा हो या बेधक हेमंत, अनुराग प्रबोधक सरत् हो या मुरझा देने वाला शिशिर, सर्वत्र प्रकृति मनुष्य की सहचरी के रूप में आती है , उसके अनुराग को दीप्त करती है, वियोग को उकसा देती है, आकांक्षा को तीव्र बनाती है और रमणेच्छा को उद्दीप्त करती है | युवक और युवतियों का विलास प्रकृति के साहचर्य से सौ गुना वर्धित होकर प्रकट होता है | यद्यपि ग्रीष्म के दिन बड़े ही कष्ट दायक होते हैं तथापि चन्द्रकिरणों से चमकती हुई रात्रियाँ विलासी और विलासिनियों के प्रेम में नवीन प्राण शक्ति का संचार करते हैं | इस भयंकर गर्मी में कमलों से भरे हुए और खिले हुए पाटल की गंद में बसे हुए जल में स्नान करना बहुत सुहाता है | चंद्रमा की चांदनी और मोतियों हार सुख देते हैं | कालिदास विलासियों को आशीर्वाद देते हैं कि यह ऋतु तुम्हारे लिए आनंददायक हो, ऐसा हो कि महल की ऊपरी छत पर ललित गीत के साथ सुंदरियाँ आपका इस ऋतु में मनोविनोद करें

कमलवनचिताम्बु-पाटलामोदरम्यः

सुखसलिलनिषेकैसेव्यचन्द्रांशुहारः।

व्रजतुतवनिदाघःकामिनीभिःसमेतो

निशिसुललितगीतेहर्म्यपृष्ठेसुखेन।।[64]

.कवि कालिदास ने इस ग्रंथ में छः ऋतुओं का वर्णन इस ढंग से किया है कि इस ग्रंथ का अध्ययन करने से ऐसा जान पड़ता है, मानो कवि की आत्मा इन रत्नों में रंग गई हो | इसमें तीव्रता का अभाव तथा प्रसाद गुण की पूर्णता दिखाई पड़ती है | वसंत ऋतु का वर्णन करते हुए आम्रमंजरी को देखकर विरही पथिक की दशा का वर्णन कितने उत्कृष्ट रूप में किया है देखिए –

नेत्रेनिमीलयतिरोदितियातिशोकं
घ्राणंकरेणविरुणद्धिविरैतिचोच्चैः।
कान्तावियोगपरिखेदितचित्तवृत्ति
दृष्ट्वाध्वगःकुसुमितान्सहकारवृक्षान्।।[65]

कालिदास ने बड़े सुंदर ढंग से शरद ऋतु की रंजना का वर्णन किया है | शरद् वर्णन निसंदेह 'ऋतुसंहार' का श्रेष्ठ भाग है

<u>मेघदूत</u> –

'मेघदूत' कालिदास का अत्यधिक लोकप्रिय काव्य है और इसमें कोई संदेह नहीं कि वह बहुत सारे हाथों की रचना है | कालिदास की अन्य रचनाएं ना होती केवल अकेला मेघदूत ही होता तो भी उनकी कीर्ति में कोई अंतर न पड़ता | संस्कृत साहित्य के गीति काव्य में सर्वप्रथम इसकी ही घटना होती है | कालिदास की कल्पना की ऊंची उड़ान और परिपक्वता का यह एक ऐसा नमूना है जिसकी टक्कर का विश्व में दूसरा नहीं है | 'मेघदूत' मंदाक्रांता छन्द में लिखा हुआ 121 श्लोको का एक छोटा सा काव्य है | मेघदूत में कालिदास ने भौगोलिक वर्णन बहुत ही अच्छे ढंग से किया है, मेघदूत को दो भाग में विभाजित किया गया है, पूर्वमेघ और उत्तरमेघ, पूर्वमेघ में कालिदास ने मेघ के द्वारा दूत बनाकर अपनी प्रिया को संदेश भेजने का सहारा लेकर पूरे पूर्वमेघ में बेहद अच्छे ढंग से भौगोलिक वर्णन किया है |जबकि उत्तरमेघ में अलकापुरी एवं वहाँ की स्त्रियों की सुन्दरता का वर्णन किया गया है | पूर्वमेघ में जो उन्होंने मानसून का समय बताया है, भौगोलिक घटनानुसार यथार्थ सत्य है | भूगोल में भी जून के प्रथम सप्ताह में मानसून का आगमन बताया है जबकि यह बात कालिदास ने मेघदूत की निम्न श्लोक से मानसून के आगमन की तिथि अंकित कर दिए थे –

तस्मिन्नन्द्रौकतिचिदबलाविप्रयुक्तःसकामी
नीत्वामासान्कनकवलयभ्रंशरिक्तप्रकोष्ठः।
आषाढस्यप्रथमदिवसेमेघमाश्लिष्टसानुं
वप्रक्रीडापरिणतगजप्रेक्षणीयंददर्श।।[66]

यह विरह काव्य है | कर्तव्य से च्युत होने पर अपने स्वामी कुबेर द्वारा अभिशप्त एक यक्ष निर्वासित होकर अपनी यक्षिणी से दूर रामगिरि आश्रम पर रहकर विरह काल बिताने की कहानी है | प्रेम का विशुद्ध वर्णन एवं साथ में ही भौगोलिक वर्णन ही इस काव्य का प्रतिपाद्य विषय है।

<u>कुमारसम्भव</u>–

यह महाकवि कालिदास का प्रथम महाकाव्य है इसकी रचना ऋतुसंहार तथा मालविकाग्निमित्रम् बाद तथा रघुवंश और अभिज्ञानशाकुन्तलम् से निश्चित रूप से पहले की है, कुमारसम्भव के 17सर्गों[67] में शिव और पार्वती के पुत्र कार्तिकेय के जन्म तथा उसके द्वारा देव सेना का सेनापति बनकर तारकासुर के वध की कहानी वर्णित है| 'डॉक्टर

• 14 •

कीथ बलदेव उपाध्याय' आदि विद्वान केवल अष्टम् सर्ग तक ही कालिदास की रचना मानते हैं।

अपने अन्य काव्य और नाटकों में कालिदास ने शिव की महिमा का श्रद्धा बिकलित भाषा में उद्घोष किया है। रघुवंश, अभिज्ञानशाकुंतल, विक्रमोर्वशीयम् और मालविकाग्निमित्रम् में मंगलाचरण के रूप में शिव की वंदना की है, परंतु 'कुमारसंभव' में उन्होंने ऐसा करना आवश्यक नहीं समझा। यह काव्य शिव-पार्वती के विवाह और कुमार के जन्म की ही कथा कहता है। इसलिए यह समस्त प्रेम का काव्य है। शिव कोई एक व्यक्ति नहीं बल्कि विश्व मूर्ति है। पार्वती अखिल भूत में व्याप्त त्रिवेणी सकती हैं, इसलिए कवि ने इसके मंगलाचरण में केवल एक ही शब्द का प्रयोग किया है, जो प्रथम श्लोक के आरंभ में आया है 'अस्ति'[68]अर्थात 'है'।अभिज्ञान शाकुंतल के साथ तुलना करने पर यह बात और भी अधिक स्पष्ट हो जाती है। वहाँ अष्टमूर्ति शिव की वंदना है, अर्थात जो शिव अपने आप को बहुत विभक्त कर के संसार में व्याप्त हैं। उनसे कल्याण प्राप्त करने की प्रार्थना की गई है। वह व्यष्टि प्रेम का काव्य है, जबकि कुमारसंभव समष्टि प्रेम का काव्य है, इसलिए कवि ने केवल यह बताने का प्रयत्न किया है, कि शिव और पार्वती का प्रेम सत्ता मात्र है। वह है, प्रत्येक पिंड के भीतर मनुष्य लोक से देव लोक तक व्याप्त महाशक्ति की प्रेम लीला है। यह संभव है कि कालिदास ने अपने काव्य में पुरुष और स्त्री के पारस्परिक आकर्षण का जो मोहक चित्रण किया है, उसके कारण कुछ लोग उनके जीवनकाल में ही उन पर घोर श्रृंगारी कवि होने का दोष आरोप करने लगे हो और उन्हीं के उत्तर में कवि ने पुरुष और स्त्री के प्रेम को भूमिका पर रखकर इस महान प्राणय की बात सोची हो। इस काव्य में स्पष्ट रूप से कवि ने यह घोषणा की है कि देवाधिदेव शिव ने ही पुरुष और स्त्री के रूप में अपने आप को द्विधा विभक्त किया है। इस पुरुष और स्त्री तत्व में जो पारस्परिक आकर्षण है, वह भगवान शिव की अधिष्ठा का ही विलास है। एक दूसरे की ओर आकृष्ट होकर वे उस प्रथम शिवत्व की अवस्था को ही प्राप्त करना चाहते हैं। विशुद्ध प्रेम में जो अवैध भावना आती है शिव भक्तों की ही अनुभूति का रूप है। इसी महान उद्देश्य को दृष्टि में रखकर महाकवि ने शिव और पार्वती को सनातन पुरुषत्व और स्त्रीत्व का प्रतीक बनाया है और यह दिखाने का प्रयत्न किया है कि शुद्ध पवित्र और सच्चा प्रेम क्या होता है। काव्य के आरंभ में ही हिमालय का बड़ा ही महान रूप उपस्थित किया गया है। उसे देवात्मा कहा गया है और समस्त रत्नों और प्रसाधन सामग्रियों की उद्भव भूमिका कहा गया है। पार्वती इसी महान हिमालय की कन्या है। इस प्राण डालकर कवि ने उनकी बाल्यावस्था से लेकर किशोरावस्था तक चित्र प्रस्तुत किया है।

कुमारसंभव के प्रथम सर्ग में हिमालय वर्णन प्रकृति के आलंबन के रूप में वर्णित है। इसमें प्रकृति का स्वाभाविक सुंदर दृष्टिगोचर होता है। हिमालय का कैसा स्वभाव चित्र खींचा है –

भागीरथीनिर्झररशीकराणांवोढाःमुहुःकम्पितदेवदारुः।

यद्वायुरन्विष्मृगैःकिरातैरासेव्यतेभिन्नशिखण्डिबर्हैः[69]।।

कुमारसंभव के सारे प्रेम का मंगल मिलन से समाप्त हुआ है| कुमारसंभव का अंगी रस श्रृंगार[70] है, यद्यपि प्रसंगानुसार करुण, रौद्र आदि रसों का भी समावेश हुआ है| शारीरिक सौंदर्य नारी की सर्वोत्कृष्ट संपत्ति नहीं है और आध्यात्मिक सुंदरता के प्रति आत्मसमर्पण कोई पराजय नहीं है| यही बात इस काव्य में प्रभाव उत्पादक ढंग से व्यन्जित है।

<u>रघुवंश</u> –

कुछ विद्वान रघुवंश को कालिदास की अंतिम कृति मानते हैं, परंतु ध्यान से देखने पर ऐसा प्रतीत होता है कि अभिज्ञानशाकुंतलम् इनकी अंतिम कृति थी और रघुवंश उससे पहले की कृति रघुवंशमहाकाव्य में 19 सर्ग है[71]।इस महाकाव्य में महाकवि ने सूर्यवंशी राजा दिलीप से आग्निवर्ण तक 31 राजाओं का वर्णन किया है[72]। कुमारसंभव की अपेक्षा इसमें महाकवि कालिदास की काव्य प्रतिभा अधिक निखर कर सामने आयी है | रघुवंश एक चरित्र महाकाव्य है इसमें दिलीप, रघु अज, दशरथ, राम आदि राजाओं को आदर्श सम्राट के रूप में चित्रित किया गया है | इसी प्रकार इंदुमती, सीता, मधुवती आदि रानियों का भी वर्णन है | संसार में सुंदरी नारियों के अंगों के समान जो वस्तुएं प्रसिद्ध हैं वे समस्त वस्तुएं कुश की सुंदरियों के आसपास जमा हो गई है

आवर्तशोभानतनाभिकान्तेभङ्गोभ्रुवांद्वन्द्वचराःस्तनानाम्।

जातानिरूपावयवोपमानान्यद्दूरवर्तीनिविलासिनीनाम्।।[73]

अलंकारों और रसों का परिपाक इस महाकाव्य में सर्वत्र देखने को मिलता है | कालिदास जिस श्लोक के कारण 'दीपशिखाकालिदास' कहलाए, वह श्लोक भी रघुवंश में ही इंदुमती स्वयंवर में है | उपमा, उत्प्रेक्षा, अर्थानन्तरन्यास आदि अलंकारों की छठा के साथ ही वीर, श्रृंगार आदि रसों की छठा भी दर्शनीय है।

रघुवंश की कथा राजा दिलीप के चरित्र से प्रारंभ होती है | दिलीप सर्व संपन्न होते हुए भी पुत्र विहीन होने के कारण अत्यंत दुःखी होकर अपनी रानी सुदक्षिणा के साथ गुरु वशिष्ठ के आश्रम में पहुँचते हैं | वशिष्ठ के आदेशानुसार राजा कामधेनु की पुत्री नन्दिनी की सेवा का व्रत लेते हैं| कुछ दिन बीतने पर गाय राजा की सेवा सुश्रुषा की परीक्षा लेने के उद्देश्य से चरती हुई हिमालय की गुफाओं में प्रवेश कर जाती है, वहाँ सिंह द्वारा आक्रमण करने पर राजा सिंह से गाय को छोड़ देने के लिए प्रार्थना करता है | गाय की रक्षा के लिए राजा अपना शरीर अर्पित कर देता है| इस भाव को देखकर नंदनी प्रसन्न होकर पुत्र प्राप्ति का वरदान देती है| तृतीय सर्ग में रघु की उत्पत्ति और राज्य तथा अश्वमेध में उनके द्वारा प्रदर्शित पराक्रम का वर्णन है | यज्ञ समाप्त होते ही रघु को राजा बनाकर दिलीप पत्नी सहित वन को चले जाते हैं| रघु दिग्विजय का वृत्तांत चतुर्थ सर्ग में वर्णित है| पंचमसर्ग में रघु की दान शीलता का चित्रण हुआ है।

रघुवंश कालिदास की प्रतिभा का काव्य रूप में सर्वोत्तम निदर्शन है| कवि की प्रतिभा का पूर्ण पद- पद पर परिलक्षित होता है, एक ओर भाव का सुंदर है, तो दूसरी और कलात्मकता

का चमत्कार, एक ओर भाषा में प्रसाद और माधुर्य है, तो दूसरी ओर अलंकारों की छठा, एक ओर बातचीत की मुखरता है, तो दूसरी ओर व्यंगार्थ का अपूर्व संयोजन| इसमें श्रृंगार, वीर, रौद्र तथा शांत चारों रसों का ससमय प्रयोग हुआ है, जैसे अग्निवर्ण के विलास वर्णन में श्रृंगार, रघु आदि व राम के युद्ध प्रसंगों में वीर रस, वाल्मीकि, वशिष्ठ व सर्वस्य त्यागी रघु के वर्णन में शांत रस का प्रधान है| कवि ने जहाँ संभोग श्रृंगार का सुखद रसास्वादन कराया है वहीं विप्रलम्भ श्रृंगार की मार्मिक अनुभूति कराई है| एक ओर बाह्य प्रकृति का विशद वर्णन है, तो दूसरी ओर आन्तरिक प्रकृति का तात्विक विश्लेषण है, एक ओर राजा का आदर्श और उसकी प्रजा पलक्ता है, तो दूसरी ओर प्रजा की राजभक्ति| इस प्रकार रघुवंश विविध विरोधी गुणों का सम्बन्ध है| रघुवंश के कथानक का मूल स्रोत रामायण है, लेकिन रघुवंश की कथा वाल्मीकि रामायण की अपेक्षा पद्मपुराण के अधिक समीप है| कालिदास एवं उनकी रचनाओं के काल के संबंध में विद्वान एकमत नहीं है, परंतु अधिकांश विद्वान इस बात से सहमत हैं कि कालिदास ई॰ पू॰ प्रथम शताब्दी से चतुर्थ शताब्दी के मध्य हुए थे|

रघुवंश काव्य में कालिदास ने रघुवंशी राजाओं को निमित्त बनाकर उदारचरित पुरुषों का स्वभाव पाठकों के सम्मुख रखा है। इस कथा के माध्यम से कवि ने राजा के चरित्र, आदर्श तथा राजधर्म जैसे विषयों का बड़ा सुन्दर वर्णन किया है। भारत के इतिहास में सूर्यवंश के इस अध्याय का वह अंश भी है जिसमें एक ओर यह संदेश है कि राजधर्म का निर्वाह करनेवाले राजा की कीर्ति और यश देश भर में फैलती है, तो दूसरी ओर चरित्रहीन राजा के कारण अपयश व वंश-पतन निश्चित है, भले ही वह किसी भी उच्च वंश का वंशज ही क्यों न रहा हो!

इस महाकाव्य के आरम्भ में महाकवि ने रघुकुल के राजाओं का महत्व एवं उनकी योग्यता का वर्णन करने के बहाने प्राणिमात्र के लिए कितने ही प्रकार के रमणीय उपदेश दिये हैं। रघुवंशी राजाओं का संक्षेप में वर्णन जानना हो तो रघुवंश के केवल एक श्लोक में उसकी परिणति इस प्रकार है-

त्यागाय समृतार्थानां सत्याय मिभाषिणाम्।
यशसे विजिगीषूणां प्रजायै गृहमेधिनाम् ॥
शैशवेऽभ्यस्तविद्यानां यौवने विषयैषिणाम्।
वार्धके मुनिवृत्तीनां योगेनानन्ते तनुत्यजाम् ॥

(सत्पात्र को दान देने के लिए धन इकट्ठा करनेवाले, सत्य के लिए मितभाषी, यश के लिए विजय चाहनेवाले, और सन्तान के लिए विवाह करनेवाले, बाल्यकाल में विद्याध्ययन करने वाले, यौवन में सांसारिक भोग भोगने वाले, बुढ़ापे में मुनियों के समान रहने वाले और अन्त में योग के द्वारा शरीर का त्याग करने वाले (राजाओं का वर्णन करता हूँ।))

समालोचकों ने कालिदास का सर्वश्रेष्ठ महाकाव्य 'रघुवंश' को माना है। आदि से अन्त तक इसमें निपुण कवि का विलक्षण कौशल व्यक्त होता है। दिलीप और सुदक्षिणा के तपोमय जीवन से प्रारम्भ इस काव्य में क्रमशः रघुवंशी राजाओं की दान्यता, वीरता, त्याग

और तप की एक के बाद एक कहानी उद्घाटित होती है और काव्य की समाप्ति कामुक अग्निवर्ण की विलासिता और उनके अवसान से होती है। दिलीप और सुदक्षिणा का तप:पूत आचरण, वरतन्तु के शिष्य कौत्स और रघु का संवाद, इन्दुमती स्वयंवर, <u>अज</u> का विलाप, राम और सीता की विमानयात्रा, निर्वासित सीता की तेजस्विता, संगमवर्णन, <u>अयोध्या नगरी</u> की शून्यता आदि का चित्र एक के बाद एक उभरता जाता है और पाठक विमुग्ध बना हुआ मनोयोग से उनको देखता जाता है। अनेक कथानकों का एकत्रीकरण होने पर भी इस महाकाव्य में कवि ने उनका एक दूसरे से एक प्रकार समन्वय कर दिया है जिससे उनमें स्वाभाविक प्रवाह का संचार हो गया है। 'रघुवंश' के अनेक नृपतियों की इस ज्योतित नक्षत्रमाला में कवि ने आदिकवि वाल्मीकि के महिमाशाली राम को तेजस्विता और गरिमा प्रदान की है। वर्णनों की सजीवता, आगत प्रसर्गों की स्वाभाविकता, शैली का माधुर्य तथा भाव और भाषा की दृष्टि से 'रघुवंश' संस्कृतमहाकाव्यों में अनुपम है।

रघुवंश महाकाव्य की शैली क्लिष्ट अथवा कृत्रिम नहीं, सरल और प्रसादगुणमयी है। <u>अलंकारों</u> का सुरुचिपूर्ण प्रयोग स्वाभाविक एवं सहज सुन्दर है। चुने हुए कुछ शब्दों में वर्ण्य विषय की सुन्दर झाँकी दिखाने के साथ कवि ने 'रघुवंश' के तेरहवें सर्ग में इष्ट वस्तु के सौंदर्य की पराकाष्ठा दिखलाने की अद्भुत युक्ति का आश्रय लिया है। <u>गंगा</u> और <u>यमुना</u> के संगम की, उनके मिश्रित जल के प्रवाह की छटा का वर्णन करते समय एक के बाद एक उपमाओं की शृंखला उपस्थित करते हुए अन्त में कवि ने शिव के शरीर के साथ-साथ उसकी शोभा की उपमा दी है और इस प्रकार सौन्दर्य को सीमा से निकालकर अनन्त के हाथों सौंप दिया-

हे निर्दोष अंगोंवाली सीते ! यमुना की तरंगों से मिले हुए गंगा के इस प्रवाह को जरा देखो तो सही, जो कहीं कृष्ण सर्पों से अलंकृत और कहीं भस्मांगराग से मंडित भगवान् शिव के शरीर के समान सुंदर प्रतीत हो रहा है।

कालिदास मुख्यतः कोमल और रमणीय भावों के अभिव्यंजक कवि हैं। इसीलिए प्रकृति का कोमल, मनोरम और मधुर पक्ष उनकी इस कृति में भी अंकित हुआ है।

<u>रघुवंशम् में प्रयुक्त छन्द</u> –

इस महाकाव्य में २१ प्रकार के छन्दों का प्रयोग हुआ है:

<u>अनुष्टुप</u>, इन्द्रवज्रा, उपजाति, उपेन्द्रवज्रा, औपच्छन्दसिक, तोटक, द्रुतविलम्बित, पुष्पिताग्रा, प्रहर्षिणी, मंजुभाषिणी, मत्तमयूर, मन्दाक्रान्ता, मालिनी, रथोद्धता, वांशस्थ, वसन्ततिलका, वैतालीय, शार्दूलविक्रीडित, शालिनी, स्वागता, हरिणी।

मालविकाग्निमित्रम् –

यद्यपि की विद्वानों ने मालविकाग्निमित्रम् नाटक को भी कालिदास का प्रथम नाटक माना है[1] मालविकाग्निमित्रम् को कालिदास का प्रथम नाटक मानने का कारण यह है की इस नाटक में उनकी प्रतिभा पूर्ण नहीं माना जाता है, इस नाटक में लालित्य, माधुर्य एवं भावगाम्भीर्य दृष्टिगोचर नहीं होता है, जो अभिज्ञानशाकुंतलम् में होता है |

यह 5 अंकों[2] अंको का नाटक है इस नाटक में मालविका और अग्निमित्र के प्राणय और विवाह का वर्णन है, मालविका विदर्भ राजपुत्र माधव सेन की बहन है, राज्य अपहृत होने पर आमादा सुमति मालविका को सुरक्षित रखने के लिए छिपा कर लाता है, उनमें डाकुओं के द्वारा सुमित की हत्या कर दी जाती है और मालविका राजा अग्निमित्र की महारानी धारणी के भाई वीरसेन को प्राप्त हुई, तदनंतर मालविका दासी के रूप में धारवी के पास रहती है और राजा अग्निमित्र उस पर अनुरक्त हो जाता है | वस्तुतः यह नाटक राजमहलों में चलने वाली प्राणी संयंत्रों का उन मिलक है तथा उसमें नाटकीय का समग्र सूत्र विदूषक के हाथों में समर्पित है| गौतम को निकाल दीजिए तो अग्नि मित्र निष्प्रभ बन जाएगा, कालिदास ने प्रारंभ में में ही सूत्रधार से कहलवाया है-

पुराणमित्येवनसाधुसर्वंनचापिकाव्यंनवमित्यवद्यम्।
सन्तःपरीक्ष्यान्यतरद्धवजन्तेमूढःपरप्रत्ययनेयबुद्धिः।।[3]

अर्थात पुरानी होने से ही ना तो सभी वस्तुएं अच्छी होती है और न नई होने से बुरी अथवा हे विवेकशील व्यक्ति अपनी बुद्धि से परीक्षा करके श्रेष्ठतर वस्तु को अंगीकार कर लेते हैं और मूर्ख लोग दूसरों के बताने पर ग्राह्य अथवा अग्राह्य का निर्णय करते हैं।

अध्यापक का वास्तविक चित्रण खींचते हुए कवि का कथन द्रष्टव्यहै–

लब्धास्पदोऽस्मीतिविवादभीरोस्तितिक्षमाणस्यपरेणनिन्दाम्।
यस्यागमःकेवलजीवकायैतंज्ञानपण्यंवणिजंवदन्ति।।[4]

अर्थात "जो अध्यापक शास्त्रार्थ से भागता है दूसरों के अंगुली उठाने पर चुप रह जाता है तथा केवल पेट के लिए विद्या पढ़ाता है वह पंडित नहीं अपितु ज्ञान बेचने वाला बनिया कहलाएगा।"

एक अन्य श्लोक के माध्यम से कवि ने शिक्षकों का बहुत ही सुंदर लक्षण दिया है कुछ स्वयं विशेष योग्यता संपन्न होते हैं और कुछ अपनी योग्यता दूसरों तक पहुंचाने में दक्ष होते हैं वहीं शिक्षक योग्यतम मानना चाहिए जिसमें यह दोनों गुण हो स्वयं सुयोग हो और दूसरों को योग्य बना सके–

शिलष्टाकियाकस्यकस्यचिदात्मसंस्था, संक्रान्तिरन्यस्यविशेषयूक्ता।
यस्योभयंसाधुससिक्षकाणांधुरिप्रतिष्ठापयितव्यएव।।[5]

विदिशा का राजा 'अग्निमित्र' मालविकाग्निमित्रम् का नायक है और विदर्भ राज्य की भगिनी 'मालविका' नायिका है| इन्हीं दोनों की प्रणय लीला नाटक का विषय है| भारती नाटक कारो ने अंतःपुर के प्रेम व्यापार संबंधी नाटिका लिखने में बहुत रुचि दिखाई है| अंतःपुर की प्रणय लीला वाली इन नायिकाओं का मूल विषय एक ही होता है| नायिका कहीं बाजार से आकर परिचारिका रूप में काम करने लगती है, प्रायः यह कहा जाता है कि किसी सिद्ध ज्योतिषी ने ऐसी भविष्यवाणी कर रखी है कि इस नायिका से विवाह करने वाला पुरुष चक्रवर्ती राजा होगा और मंत्री जानबूझकर इस नायिका को अंतःपुर में स्थान दिलवाता है| राजा की दृष्टि नायिका पर पड़ती है| प्रेम व्यापार शुरू होता है| बड़ी रानी को ईर्ष्या होती है|

वह नायिका को किसी ना किसी प्रकार राजा की दृष्टि से बचाने के लिए अलग कर देती है| फिर घटना चक्र ऐसा घूमता है कि राजा और नायिका का विचित्र परिस्थितियों में साक्षात्कार होता है| रानी को पता चल जाता है कि वस्तुतः परिचारिका बनी हुई नायिका उसकी बहन है और वह अपने आप अनुकूल होकर नायिका के साथ राजा का विवाह करवा देती है मूल कथा का ढांचा यही है ।

मालविकाग्निमित्रम् के सारे दृश्य अंतःपुर तक ही सीमा बंद है मालविका पटरानी धारिणी की परिचारिका है| उसे गणदास नामक नृत्याचार्य से नृत्य संगीत की शिक्षा प्राप्त करने की व्यवस्था स्वयं पटरानी धारणी ही करती है| मालविका की एक चित्र को देखकर राजा उस पर अनुरक्त होता है| रानी धारणी उसे राजा की नजरों से बचाने का प्रयत्न करती है राजा के सखा विदूषक गौतम के छल प्रपंच से दो नित्य कार्यों का विवाद होता है| दोनों अपनी शिष्याओं को प्रतिद्वंदिता के लिए राजा रानी और परिचारिका के सामने उपस्थित करते हैं| यहीं मालविका नृत्य करती है और राजा मालविका को प्रत्यक्ष देख पाता है| प्रथम 2 अंकों की यही कथा है यद्यपि चरित्र चित्रण और नैतिक आदर्श की दृष्टि से इस में कालिदास की महिमा की उपयुक्त कुछ भी नहीं परंतु भाव लालित्य और सुंदर चित्रण की दृष्टि से यह अंक सफल कहे जा सकते हैं

जैसा कि ऊपर कहा गया है इस नाटक का कोई बड़ा उद्देश्य नहीं है सॉन्ग कालीन राज परिवारों की अंतापुर की विलासिता और षड्यंत्र लीला इससे जरूर उद्घाटित होती है अग्निमित्र बहुत साधारण कोटि का नायक है, उसके दो रानियां तो पहले से ही है, तीसरी के प्रति प्रणय कुछ अच्छी रूचि का परिचायक नहीं है, परंतु कालिदास ने इस नाटक में नृत्य और संगीत आदि के विषय में अनेक इंगित दिए हैं| इन कलाओं से उनका गाड़ परिचय भी सिद्ध होता है और इनके संबंध में उनके विचार भी प्रकट होते हैं ऐसा जान पड़ता है कि चित्रकला और संगीत कला में कालिदास की केवल रुचि ही नहीं थी वे स्वयं भी अच्छे चित्रकार और गायक रहे होंगे अभिज्ञानशाकुंतलम् के छठे अंक में भी चित्र की बात होती है| इससे भी यह सिद्ध होता है कि कालिदास चित्रकारी में बहुत रुचि रखते थे| उनके ललितकला संबंधी विचारों की जानकारी के लिए यह नाटक बहुत ही महत्वपूर्ण है।

यह <u>शृंगार रस</u> प्रधान नाटक है और कालिदास की प्रथम नाट्य कृति माना जाता है। ऐसा इसलिये माना जाता है क्योंकि इसमें वह लालित्य, माधुर्य एवं भावगाम्भीर्य दृष्टिगोचर नहीं होता जो <u>विक्रमोर्वशीय</u> अथवा <u>अभिज्ञानशाकुन्तलम्</u> में है।

कालिदास ने प्रारम्भ में ही <u>सूत्रधार</u> से कहलवाया है -

पुराणमित्येव न साधु सर्वं न चापि काव्यं नवमित्यवद्यम्।

सन्तः परीक्ष्यान्यतरद्भजन्ते मूढः परप्रत्ययनेयबुद्धिः॥

अर्थात पुरानी होने से ही न तो सभी वस्तुएँ अच्छी होती हैं और न नयी होने से बुरी तथा हेय। विवेकशील व्यक्ति अपनी बुद्धि से परीक्षा करके श्रेष्ठकर वस्तु को अंगीकार कर लेते हैं और मूर्ख लोग दूसरों द्वारा बताने पर ग्राह्य अथवा अग्राह्य का निर्णय करते हैं।

वस्तुतः यह नाटक नाट्य-साहित्य के वैभवशाली अध्याय का प्रथम पृष्ठ है। लगभग 2200 वर्ष पूर्व के युग का चित्रण करते इस नाटक में शुंग वंश के काल की कला, संस्कृति, सामाजिक व्यवस्था आदि की उल्लेखनीय झलक मिलती है। इस नाटक में कालिदास द्वारा स्वांग, चतुष्पदी छन्द तथा गायन के साथ अभिनय के भी संकेत किये गए हैं, जो इंगित करते हैं कि उस युग में भी लोकनाट्य के तत्व विद्यमान थे।

कालिदास ने इस नाटक में अत्यन्त मनोहर नृत्य-अभिनय का उल्लेख किया है। वह चित्र अपने में इतना प्रभावशाली, रमणीय और सरस है कि समूचे तत्कालीन साहित्य में अप्रतिम माना जाता है। नाटक में दो नृत्याचार्यों में अपनी कला निपुणता के सम्बन्ध में झगड़ा होता है और यह निर्णय होता है कि दोनों अपनी-अपनी शिष्याओं का नृत्य-अभिनय दिखाएँ। यह भी निर्णय होता है कि पक्षपातरहित निर्णय के लिए जानी जानेवाली विदुषी, भगवती कौशिकी निर्णय करेंगी कि दोनों में कौन श्रेष्ठ है। दोनों आचार्य तैयार होते हैं, मृदंग बज उठता है, प्रेक्षागृह में दर्शकगण यथास्थान बैठ जाते हैं और प्रतियोगिता प्रारम्भ होती है। इस प्रकार के दृश्य का पूर्ववर्ती साहित्य में कहीं उल्लेख नहीं हुआ है जबकि परवर्ती फिल्मों और धारावाहिकों में इससे प्रेरणा लेकर आज भी यह दृश्य प्रस्तुत किया जाता है।

<u>विक्रमोर्वशीय–</u>

इस नाटक को कालिदास का दूसरा नाटक माना जाता है| यह नाटक भी पाँच अंको[6] में विभाजित है यह 'त्रोटक,[7] नामक उपरूपक है। इस नाटक में कालिदास ने राजा पुरुरवा और उर्वशी नामक अप्सरा का प्रणय कथा का वर्णन किया है मालविकाग्निमित्रम् के अपेक्षा इस नाटक में कवि की नाट्य कला का सुंदर विकास हुआ है| इसमें श्रृंगार रस की प्रधानता है| पात्रों की संख्या कम है| इसमें कवि की प्रतिभा का पर्याप्त विकास है| दिव्य उर्वशी में मानवीय भाव का सुंदर चित्रण है| भाषा और भाव में कवि की प्रतिभा विकासोन्मुख है| भाषा में सरलता के साथ प्राञ्जलता है| प्रसाद के साथ माधुर्य भाव में अंतर्द्वंद और मानसिक दशा का सुंदर विश्लेषण है| चतुर्थ अंक में राजा का विलाप अपभ्रंश छंदों में है| कविता की दृष्टि से यह पद्य अत्यंत सुंदर है, पर आपभ्रंश पदों की अधिकता खटकती है| गतिशीलता में यह मालविकाग्निमित्रम् न्यून है परंतु विचार व साधारण में यह बहुत आगे हैं, कवि की वर्णन शक्ति प्रबुद्ध रूप में है|

इसमें संयोग श्रृंगार और विप्रलम्भ श्रृंगार दोनो का बड़ा हि सुन्दर ढंग से वर्णन किया गया है| इसकी कथा ऋग्वेद(10/95) तथा शतपथ ब्राह्मण (11/5/1)से ली गई है महाकवि कालिदास ने इस नाटक को मानवीय प्रेम की अत्यंत मधुर एवं सुकुमार कहानी में परिणत कर दिया है रमाशंकर तिवारी का या कथन कितना सटीक है कि – "कालिदास ने प्रस्तुत नाटक में एक तप्त लोहे को दूसरे तप्त लोहे से जोड़ दिया "

कवि की कल्पनाओं की मान्यता नाटक के प्रारंभ से ही देखी जा सकती है उर्वशी का नैसर्गिक मनोरम सौंदर्य राजा को यह सोचने के लिए बाध्य करता है कि यह ब्रह्म की रचना नहीं है –

अस्याःसर्गविधौप्रजापतिरभूच्चन्द्रोनुकान्तिप्रदः
श्रृङ्गारैकरसःस्वयंनुमदनोमासोनुपुष्पाकरः।
वेदाभ्यासजडःकथंनुविषयव्यावृत्कौतूहलो
निर्मातुंप्रभवेन्मनोरमिदंरूपंपुराणोमुनिः।।[8]

पूरा विक्रमोर्वशीयम् नाटक राजा के अत्यंत भाव प्रवण और अनुरागी चित से अनुप्राणित है| राजा ही इसमें अधिक प्रेमाशक्त चित्रित किया गया है| इस नाटक की कथा गीत काव्यात्मक है और चौथा अंक निपुण कभी निबंध गीतिकाव्य के समान लगता है इसमें भावों की गहराई और गतिशीलता बड़े ही आकर्षक रूप में प्रकट हुई है, आलोचकों ने इस अंक को रघुवंश और और कुमारसंभव के प्रति विलाप से भी अधिक भाव विह्वल माना है, इसकी नायिका उर्वशी है जो देवयोनि की है| सापवस उसे मर्त्य लोक में आना पड़ा है| देवयानी के व्यक्तिव मनुष्य के समान भाव दुर्बल नहीं होते| उन्हें दुख और सुख की अनुभूति नहीं सताती, लाज और हया के भाव उनकी पलकों को झुकने नहीं देते, परंतु कवि ने उर्वशी को मनुष्य बनाया है फिर भी उसमें देवयानी का स्वभाव सुरक्षित रह गया है| राजा जितना भाव विह्वल हो गया है| उतना उर्वशी नहीं हो पाती, वस्तुतः विक्रमोर्वशियम् नाटक अत्यंत भावुक पुरुष प्रेमी की वृद्धि को घेरकर ही पल्लवित हुआ है| उसमें आवेग की धारा प्रबल है और लोहा जिस प्रकार चुंबक की ओर खींचता है उस प्रकार राजा उर्वशी की ओर बड़ी वेग पूर्वक खिचता है| नाटक के अंतिम अंक में वात्सल्य भी उभरता है, लेकिन प्रेम का आवेग इतना प्रबल है कि उसके सामने वह फीका पड़ जाता है, पूर्वा के प्रेम परवर्ती काल के सूफी कवियों के कथानकों की भांति एकांतिक हो गया है और सामाजिक कर्तव्य उपेक्षित रह गया है, यद्यपि कालिदास का चित्रण कौशल का बहुत कुछ इस नाटक में उपलब्ध है, परंतु उनका जीवन दर्शन इस नाटक में प्रबल भाव से नहीं आ पाया है| विक्रमोर्वशियम् निवृत प्रेम का काव्य अधिक है और अंतः वैयक्तिक संघर्षों को जीवंत बनाने वाला नाटक| इस नाटक में कालिदास ने कुछ बन्धनों से अपने को मुक्त कर लिया है| राजा उन्माद की अवस्था में प्राकृत अपभ्रंश में बोलने लगता है| ऐसा जान पड़ता है कि कालिदास की धारणा थी कि भाव विह्वल अवस्था की गाड़ अनुभूतियों को लोक भाषा में अधिक सफलता पूर्वक व्यक्त किया जा सकता है कि उक्त तीनों को लेकर पंडितों में तर्क वितर्क भी है, कुछ लोग उन्हें प्रक्षिप्त मानते हैं, पर ऐसा जान पड़ता है कि कालिदास जैसे स्वतंत्रत कवि ने राजा के उन्माद ग्रस्त अवस्था का अवसर निकालकर लोक भाषा में कविता लिखने का बहाना ढूंढा है| उन्होंने लोक भाषा की मर्मस्पर्शी शक्ति के संबंध में अपना पक्ष व्यक्त कर दिया है।

एक बार देवलोक की परम सुंदरी अप्सरा उर्वशी अपनी सखियों के साथ कुबेर के भवन से लौट रही थी। मार्ग में केशी दैत्य ने उन्हें देख लिया और तब उसे उसकी सखी चित्रलेखा सहित वह बीच रास्ते से ही पकड़ कर ले गया।

यह देखकर दूसरी अप्सराएँ सहायता के लिए पुकारने लगीं, "आर्यो! जो कोई भी देवताओं का मित्र हो और आकाश में आ-जा सके, वह आकर हमारी रक्षा करें।" उसी समय प्रतिष्ठान

देश के राजा पुरुरवा भगवान सूर्य की उपासना करके उधर से लौट रहे थे। उन्होंने यह करुण पुकार सुनी तो तुरंत अप्सराओं के पास जा पहुँचे। उन्हें ढाढ़स बँधाया और जिस ओर वह दुष्ट दैत्य उर्वशी को ले गया था, उसी ओर अपना रथ हाँकने की आज्ञा दी।

अप्सराएँ जानती थीं कि पुरुरवा चंद्रवंश के प्रतापी राजा है और जब-जब देवताओं की विजय के लिए युद्ध करना होता है तब-तब इंद्र इन्हीं को, बड़े आदर के साथ बुलाकर अपना सेनापति बनाते हैं।

इस बात से उन्हें बड़ा संतोष हुआ और वे उत्सुकता से उनके लौटने की राह देखने लगी। उधर राजा पुरुरवा ने बहुत शीघ्र ही राक्षसों को मार भगाया और उर्वशी को लेकर वह अप्सराओं की ओर लौट चले।

रास्ते में जब उर्वशी को होश आया और उसे पता लगा कि वह राक्षसों की कैद से छूट गई है, तो वह समझी कि यह काम इंद्र का है। परंतु चित्रलेखा ने उसे बताया कि वह राजा पुरुरवा की कृपा से मुक्त हुई है। यह सुनकर उर्वशी ने सहसा राजा की ओर देखा, उसका मन पुलक उठा। राजा भी इस अनोखे रूप को देखकर मन-ही-मन उसे सराहने लगे।

अप्सराएँ उर्वशी को फिर से अपने बीच में पाकर बड़ी प्रसन्न हुई और गदगद होकर राजा के लिए मंगल कामना करने लगीं, "महाराज सैंकड़ों कल्पों तक पृथ्वी का पालन करते रहें।" इसी समय गंधर्वराज चित्ररथ वहाँ आ पहुँचे। उन्होंने बताया कि जब इंद्र को नारद से इस दुर्घटना का पता लगा, तो उन्होंने गंधर्वों की सेना को आज्ञा दी, "तुरंत जाकर उर्वशी को छुड़ा लाओ।" वे चले लेकिन मार्ग में ही चारण मिल गए, जो राजा पुरुरवा की विजय के गीत गा रहे थे। इसलिए वह भी उधर चले आए। पुरुरवा और चित्ररथ पुराने मित्र थे। बड़े प्रेम से मिले। चित्ररथ ने उनसे कहा, "अब आप उर्वशी को लेकर हमारे साथ देवराज इंद्र के पास चलिए। सचमुच आपने उनका बड़ा भरी उपकार किया है।" लेकिन विजयी राजा ने इस बात को स्वीकार नहीं किया। उन्होंने इसे इंद्र की कृपा ही माना। बोले, "मित्र! इस समय तो मैं देवराज इंद्र के दर्शन नहीं कर सकूँगा। इसलिए आप ही इन्हें स्वामी के पास पहुँचा आइए।"

चलते समय लाज के कारण उर्वशी राजा से विदा नहीं माँग सकी। उसकी आज्ञा से चित्रलेखा को ही यह काम करना पड़ा, "महाराज! उर्वशी कहती है कि महाराज की आज्ञा से मैं उनकी कीर्ति को अपनी सखी बनाकर इंद्रलोक ले जाना चाहती हूँ।" राजा ने उत्तर दिया, "जाइए, परंतु फिर दर्शन अवश्य दीजिए।"

उर्वशी जा रही थी, पर उसका मन उसे पीछे खींच रहा था। मानो उसकी सहायता करने के लिए ही उसकी वैजयंती की माला लता में उलझ गई। उसने चित्रलेखा से सहायता की प्रार्थना की और अपने आप पीछे मुड़कर राजा की ओर देखने लगी।

चित्रलेखा सब कुछ समझती थी। बोली, "यह तो छूटती नहीं दिखाई देती, फिर भी कोशिश कर देखती हूँ।" उर्वशी ने हँसते हुए कहा, "प्यारी सखी। अपने ये शब्द याद रखना। भूलना मत।"

राजा का मन भी उधर ही लगा हुआ था। जब-तक वे सब उड़ न गईं; तब तक वह उधर ही देखते रहे। उसके बाद बरबस रथ पर चढ़कर वह भी अपनी राजधानी की ओर लौट गए।

महाराज राजधानी लौट तो आये; पर मन उसका किसी काम में नहीं लगता था। वह अनमने-से रहते थे। उनकी रानी ने भी, जो काशीनरेश की कन्या थी, इस उदासी को देखा और अपनी दासी को आज्ञा दी कि वह राजा के मित्र विदूषक माणवक से इस उदासी का कारण पूछकर आए। दासी का नाम निपुणिका था। वह अपने काम में भी निपुण थी। उसने बहुत शीघ्र इस बात का पता लगा लिया कि महाराज की इस उदासी का कारण उर्वशी है। विदूषक के पेट में राजा के गुप्त प्रेम की बातें भला कैसे पच सकती थीं। यही नहीं, रानी का भला बनने के लिए उसने यह भी कहा कि वह राजा को इस मृगतृष्णा से बचाने के लिए कोशिश करते-करते थक गया है। यह समाचार देने के लिए निपुणिका तुरंत महारानी के पास चली गई और विदूषक डरता-डरता महाराज के पास पहुँचा।

तीसरे प्रहर का समय था। राजकाज से छुट्टी पाकर महाराज विश्राम के लिए जा रहे थे। मन उनका उदास था ही। विदूषक परिहासादि से अनेक प्रकार उनका मन बहलाने की कोशिश करने लगा, पर सब व्यर्थ हुआ। प्रमद वन में भी उनका मन नहीं लगा। जी उलटा भारी हो आया। उस समय वसंत ऋतु थी। आम के पेड़ों में कोंपलें फूट आई थीं। कुरबक और अशोक के फूल खिल रहे थे। भौंरों के उड़ने से जगह-जगह फूल बिखरे पड़े थे; लेकिन उर्वशी की सुंदरता ने उनपर कुछ ऐसा जादू कर दिया था कि उनकी आँखों को फूलों के भार से झुकी हुई लताएँ और कोमल पौधे भी अच्छे नहीं लगते थे। इसलिए उन्होंने विदूषक से कहा, "कोई ऐसा उपाय सोचो कि मेरे मन की साध पूरी हो सके।"

विदूषक ऐसा उपाय सोचने का नाटक कर ही रहा था कि अच्छे शकुन होने लगे और चित्रलेखा के साथ उर्वशी ने वहाँ प्रवेश किया।

उन्होंने माया के वस्त्र ओढ़ रखे थे, इसलिए उन्हें कोई देख नहीं सकता था, वे सबको देख सकती थीं। जब प्रमद वन में उतर कर उन्होंने राजा को बैठे देखा तो चित्रलेखा बोली, "सखी ! जैसे नया चाँद चाँदनी की राह देखता है वैसे ही ये भी तेरे आने की बाट जोह रहे हैं।" उर्वशी को उस दिन राजा पहले से भी सुंदर लगे।

लेकिन उन्होंने अपने-आपको प्रगट नहीं किया। महाराज के पास खड़े होकर उनकी बातें सुनने लगीं। विदूषक तब उन्हें अपने सोचे हुए उपाय के बारे में बता रहा था। बोला, "या तो आप सो जाइए, जिससे सपने में उर्वशी से भेंट हो सके। या फिर चित्र-फलक पर उसका चित्र बनाइए और उसे एकटक देखते रहिए।" राजा ने उत्तर दिया कि ये दोनों ही बातें नहीं हो सकती। मन इतना दुखी है कि नींद आ ही नहीं सकती। आँखों में बार-बार आँसू आ जाने के कारण चित्र का पूरा होना भी संभव नहीं है।

इसी तरह की बातें सुनकर उर्वशी को विश्वास हो गया कि महाराज उसी के प्रेम के कारण इतने दुखी हैं; पर वह अभी प्रगट नहीं होना चाहती थी। इसलिए उसने भोजपत्र पर महाराज की शंकाओं के उत्तर में एक प्रेमपत्र लिखा और उनके सामने फेंक दिया। महाराज ने उस पत्र

को पढ़ा तो पुलक उठे। उन्हें लगा जैसे वे दोनों आमने-सामने खड़े होकर बातें कर रहे हैं। कहीं वह पत्र उनकी उंगलियों के पसीने से पुछ न जाए, इस डर से उसे उन्होंने विदूषक को सौंप दिया। उर्वशी को यह सब देख-सुनकर बड़ा संतोष हुआ; पर वह अब भी सामने आने में झिझक रही थी। इसलिए पहले उसने चित्रलेखा को भेजा। पर जब महाराज के मुँह से उसने सुना कि दोनों ओर प्रेम एक जैसा ही बढ़ा हुआ है तो वह भी प्रगट हो गई। आगे बढ़ कर उसने महाराज का जय-जयकार किया। महाराज उर्वशी को देखकर बड़े प्रसन्न हुए; लेकिन अभी वे दो बातें भी नहीं कर पाए थे कि उन्होंने एक देवदूत का स्वर सुना। वह कह रहा था, "चित्रलेखा! उर्वशी को शीघ्र ले आओ। भरत मुनि ने तुम लोगों को आठों रसों से पूर्ण जिस नाटक की शिक्षा दे रखी है, उसी का सुंदर अभिनय देवराज इंद्र और लोक-पाल देखना चाहते हैं।"

यह सुनकर चित्रलेखा ने उर्वशी से कहा, "तुमने देवदूत के वचन सुने। अब महाराज से विदा लो।"

लेकिन उर्वशी इतनी दुखी हो रही थी कि बोल न सकी। चित्रलेखा ने उसकी ओर से निवेदन किया, "महाराज, उर्वशी प्रार्थना करती है कि मैं पराधीन हूँ। जाने के लिए महाराज की आज्ञा चाहती हूँ, जिससे देवताओं का अपराध करने से बच सकूँ।"

महाराज भी दुखी हो रहे थे। बड़ी कठिनता से बोल सके, "भला मैं आपके स्वामी की आज्ञा का कैसे विरोध कर सकता हूँ, लेकिन मुझे भूलिएगा नहीं।"

महाराज की ओर बार-बार देखती हुई उर्वशी अपनी सखी के साथ वहाँ से चली गई। उसके जाने के बाद विदूषक को पता लगा कि महाराज ने उसे उर्वशी का जो पत्र रखने को दिया था वह कहीं उड़ गया है। वह डरने लगा कि कहीं महाराज उसे माँग न बैठें। यही हुआ भी। पत्र न पाकर महाराज बड़े क्रुद्ध हुए और तुरंत उसे ढूँढ़ने की आज्ञा दी। यही नहीं वह स्वयं भी उसे ढूँढ़ने लगे।

इसी समय महारानी अपनी दासियों के साथ उधर ही आ रही थी। उन्हें उर्वशी के प्रेम का पता लग गया था। वह अपने कानों से महाराज की बातें सुनकर इस बात की सच्चाई को परखना चाहती थीं। मार्ग में आते समय उन्हें उर्वशी का वही पत्र उड़ता हुआ मिल गया। उसे पढ़ने पर सब बातें उनकी समझ में आ गई। उस पत्र को लेकर जब वह महाराज के पास पहुँची तो वे दोनों बड़ी व्यग्रता से उसे खोज रहे थे। महाराज कह रहे थे कि मैं तो सब प्रकार से लुट गया। यह सुनकर महारानी एकाएक आगे बढ़ीं और बोलीं, "आर्यपुत्र! घबराइए नहीं। वह भोजपत्र यह रहा!"

महारानी को और उन्हीं के हाथ में उस पत्र को देखकर महाराज और भी घबरा उठे, लेकिन किसी तरह अपने को सँभालकर उन्होंने महारानी का स्वागत किया और कहा, "मैं इसे नहीं खोज रहा था, देवी। मुझे तो किसी और ही वस्तु की तलाश थी।" विदूषक ने भी अपने विनोद से उन्हें प्रसन्न करने का प्रयत्न किया, लेकिन वह क्यों माननेवाली थीं। बोलीं, "मैं ऐसे समय में आपके काम में बाधा डालने आ गई। मैंने अपराध किया। लीजिए मैं चली जाती हूँ।" और

वह गुस्से में भरकर लौट चलीं। महाराज पीछे-पीछे मनाने के लिए दौड़े। पैर तक पकड़े, पर महारानी इतनी भोली नहीं थीं कि महाराज की इन चिकनी- चुपड़ी बातों में आ जातीं।

लेकिन पतिव्रता होने के कारण उन्होंने कोई कड़ा बर्ताव भी नहीं किया। ऐसा करतीं तो पछताना पड़ता। बस वह चली गईं। महाराज भी अधीर होकर स्नान-भोजन के लिए चले गए। वह महारानी को अब भी पहले के समान ही प्यार करते, लेकिन जब वह हाथ-पैर जोड़ने पर भी नहीं मानीं तो वह भी क्रुद्ध हो उठे।

देवसभा में भरत मुनि ने लक्ष्मी-स्वयंवर नाम का जो नाटक खेला था, उसके गीत स्वयं सरस्वती देवी ने बनाये थे। उसमें रसों का परिपाक इतना सुंदर हुआ था कि देखते समय पूरी-की-पूरी सभा मगन हो उठती थी। लेकिन उस नाटक में उर्वशी ने बोलने में एक बड़ी भूल कर दी। जिस समय वारुणी बनी हुई मेनका ने, लक्ष्मी बनी हुई उर्वशी से पूछा, " सखी! यहाँ पर तीनों लोक के एक से एक सुन्दर पुरुष, लोकपाल और स्वयं विष्णु भगवान आए हुए हैं, इनमें तुम्हें कौन सबसे अधिक अच्छा लगता है?" उस समय उसे कहना चाहिए था 'पुरुषोत्तम', पर उसके मुँह से निकल गया 'पुरुख'। इसपर भरत मुनि ने उसे शाप दिया, "तूने मेरे सिखाए पाठ के अनुसार काम नहीं किया है, इसलिए तुझे यह दंड दिया जाता है कि तू स्वर्ग में नहीं रहने पाएगी।"

लेकिन नाटक के समाप्त हो जाने पर जब उर्वशी लज्जा से सिर नीचा किए खड़ी थी, तो सबके मन की बात जाननेवाले इंद्र उसके पास गए और बोलो, "जिसे तुम प्रेम करती हो, वह राजर्षि रणक्षेत्र में सदा मेरी सहायता करनेवाला है। कुछ उसका प्रिय भी करना ही चाहिए। इसलिए जब तक वह तुम्हारी संतान का मुँह न देखे, तब तक तुम उसके साथ रह सकती हो।"

इधर काशीराज की कन्या महारानी ने मान छोड़कर एक व्रत करना शुरू किया और उसे सफल करने के लिए महाराज को बुला भेजा। कंचुकी यह संदेश लेकर जब महाराज के पास पहुँचा तो संध्या हो चली थी। राजद्वार बड़ा सुहावना लग रहा था। नींद में अलसाये हुए मोर ऐसे लगते थे जैसे किसी कुशल मूर्तिकार ने उन्हें पत्थर में अंकित कर दिया हो। जगह जगह संध्या के पूजन की तैयारी हो रही थी। दीप सजाये जा रहे थे।

अनेक दासियाँ दीपक लिए महाराज के चारों ओर चली आ रही थीं। इसी समय कंचुकी ने आगे बढ़कर महाराज की जय-जयकार की और कहा, "देव, देवी निवेदन करती हैं कि चंद्रमा मणिहर्म्य-भवन से अच्छी तरह दिखाई देगा। इसलिए मेरी इच्छा है कि महाराज के साथ में वही से चंद्रमा और रोहिणी का मिलन देखूँ।" महाराज न उत्तर दिया, "देवी से कहना कि जो वह कहेंगी वह मैं करूँगा।"

यह कहकर वह विदूषक के साथ मणिहर्म्य-भवन की ओर चल पड़े। चंद्रमा उदय हो रहा था। उसे प्रणाम करके वे वहीं बैठ गए और उर्वशी के बारे में बातें करने लगे। उसी समय माया के वस्त्र ओढ़े उर्वशी भी चित्रलेखा के साथ उसी भवन की छत पर उतरी और उनकी बातें सुनने लगी, लेकिन जब वह प्रगट होने का विचार कर रही थी, तभी महारानी के आने की

सूचना मिली। वह पूजा की सामग्री लिए और व्रत को वेशभूषा में अति सुंदर लग रही थीं। महाराज ने सोचा कि उस दिन मेरे मनाने पर भी जो रूठकर चली गई थी, उसी का पछतावा महारानी को ही रहा है। व्रत के बहाने यह मान छोड़कर मुझ पर प्रसन्न हो गई है।

महारानी ने आगे बढ़कर महाराज की जय-जयकार की और कहा, "मैं आर्यपुत्र को साथ लेकर एक विशेष व्रत करना चाहती हूँ, इसलिए प्रार्थना है कि आप मेरे लिए कुछ देर कष्ट सहने की कृपा करें।" महाराज ने उत्तर में ऐसे प्रिय वचन कहे कि जिन्हें सुनकर महारानी मुसकुरा उठीं। उन्होंने सबसे पहले गंध-फलादि से चंद्रमा की किरणों की पूजा की, फिर पूजा के लड्डू विदूषक को देकर महाराज की पूजा की। उसके बाद बालीं, "आज मैं रोहिणी और चंद्रमा को साक्षी करके आर्यपुत्र को प्रसन्न कर रहीं हूँ। आज से आर्यपुत्र जिस किसी स्त्री की इच्छा करेंगे और जो भी स्त्री आर्यपुत्र की पत्नी बनना चाहेगी, उसके साथ मैं सदा प्रेम करूँगी।"

यह सुनकर उर्वशी को बड़ा संतोष हुआ। महाराज बोले, "देवी! मुझे किसी दूसरे को दे दो या अपना दास बनाकर रखो, पर तुम मुझे जो दूर समझ बैठी हो वह ठीक नहीं है।" महारानी ने उत्तर दिया, "दूर हो या न हो, पर मैंने व्रत करने का निश्चय किया था वह पूरा हो चुका है।"

यह कहकर वह दास-दासियों के साथ वहाँ से चली गईं। महाराज ने रोकना चाहा, पर व्रत के कारण वह रुकी नहीं। उनके जाने के बाद महाराज फिर उर्वशी की याद करने लगे। उदार-हृदय पतिव्रता महारानी की कृपा से अब उनके मिलने में जो रुकावट थी वह भी दूर हो चुकी थी। उर्वशी ने, जो अबतक सबकुछ देख-सुन रही थी, इस सुंदर अवसर से लाभ उठाया और वह प्रकट हो गई। उसने चुपचाप पीछे से आकर महाराज की आँखें मींच लीं। महाराज ने उसको तुरंत पहचान लिया और अपने ही आसन पर बैठा लिया। तब उर्वशी ने अपनी सखी से कहा, "सखी! देवी ने महाराज को मुझे दे दिया है, इसलिए मैं इनकी विवाहिता स्त्री के समान ही इनके पास बैठी हूँ। तुम मुझे दुराचारिणी मत समझ बैठना।"

चित्रलेखा ने भी महाराज से अपनी सखी की भली प्रकार देखभाल करने की प्रार्थना की, जिससे वह स्वर्ग जाने के लिए घबरा न उठे। फिर सबसे मिल-भेंटकर वह स्वर्ग लौट गई।

इस प्रकार महाराज का मनोरथ पूरा हुआ। खुशी-खुशी वह भी विदूषक और उर्वशी के साथ वहाँ से अपने महल क ओर चले गए।

उर्वशी के आने के बाद महाराज पुरुरवा ने राजकाज मंत्रियों को सौंप दिया और स्वयं गंधमादन पर्वत पर चले गए। उर्वशी साथ ही थी। वहाँ वे बहुत दिन तक आनंद मनाते रहे। एक दिन उर्वशी मंदाकिनी के तट पर बालू के पहाड़ बना-बनाकर खेल रही थी कि अचानक उसने देखा- महाराज एक विद्याधर की परम सुंदर बेटी की ओर एकटक देख रहे हैं। बस वह इसी बात पर रूठ गई और रूठी भी ऐसी कि महाराज के बार-बार मनाने पर भी नहीं मानी। उन्हें छोड़ कर चली गई। वहाँ से चलकर वह कुमार वन में आई। इस वन में स्त्रियों को आने की आज्ञा नहीं थी। ब्रह्मचर्य का व्रत लेकर भगवान कार्तिकेय यहाँ रहते थे। उन्होंने यह नियम बना दिया था कि जो भी स्त्री यहाँ आएगी वह लता बन जाएगी। इसलिए जैसे ही

उर्वशी ने उस वन में प्रवेश किया, वह लता बन गई।

इधर महाराज उसके वियोग में पागल ही हो गए और अपने मन की व्यथा प्रकट करते हुए इधर-उधर घूमने लगे। कभी वह समझते कि कोई राक्षस उर्वशी को उठाए लिए जा रहा है।

बस वह उसे ललकारते, लेकिन तभी उन्हें पता लगता कि जिसे वह राक्षस समझ बैठे थे कि वह तो पानी से भरा हुआ बादल है। उन्होंने इंद्रधनुष को गलती से राक्षस का धनुष समझ लिया है। ये बाण नहीं बरस रहे हैं, ये बूँदें टपक रही हैं और वह जो कसौटी पर सोने की रेखा के समान चमक रही है, वह भी उर्वशी नहीं है, बिजली है।

कभी सोचते, कहीं क्रोध में आकर वह अपने दैवी प्रभाव से छिप तो नहीं गई। कभी हरी घास पर पड़ी हुई बीरबहूटियों को देखकर यह समझते कि ये उसके ओठों के रंग से लाल हुए आँसुओं की बूँदें हैं। अवश्य वह इधर से ही गई हैं। कभी वह मोर को देखकर उससे उर्वशी का पता पूछते, "अरे मोर! मैं तुमसे प्रार्थना करता हूँ कि अगर घूमते-फिरते तुमने मेरी पत्नी को देखा हो तो मुझे बता दो।"

लेकिन मोर उत्तर न देकर नाचने लगता। महाराज उसके पास से हटकर कोयल के पास जाते। पक्षियों में कोयल सबसे चतुर समझी जाती है। उसके आगे घुटने टेककर वह कहते, "हे मीठा बोलने वाली सुंदर कोयल! यदि तुमने इधर-उधर घूमती हुई उर्वशी को देखा हो तो बता दो। तुम तो रूठी हुई स्त्रियों का मान दूर करनेवाली हो। तुम या तो उसे मेरे पास ले आओ या झटपट मुझे ही उसके पास पहुँचा दो। क्या कहा तुमने? वह मुझसे क्यों रूठ गई है। मुझे तो एक भी बात ऐसी याद नहीं आती कि जिस पर वह रूठी हो। अरे, स्त्रियाँ तो वैसे ही अपने पतियों पर शासन जमाया करती है। यह ज़रूरी नहीं कि पति कोई अपराध ही करे तभी वे क्रोध करेंगी।"

लेकिन कोयल भी इन बातों का क्या जवाब देती! वह अपने काम में लगी रहती। दूसरे का दुख लोग कम समझते हैं। राजा कहते, "अच्छा बैठी रहो सुख से! हम ही यहाँ से चले जाते हैं।"

फिर सहसा उन्हें दक्खिन की ओर बिछुओं की सी झनझन सुनाई देती। लेकिन पता लगता वह तो राजहंसों की कूक है जो बादलों की अंधियारी देखकर मानससरोवर जाने को उतावले हो रहे हैं। वह उनके पास जाकर कहते, "तुम मानससरोवर बाद में जाना। ये जो तुमने कमलनाल सँभाली है, इन्हें भी अभी छोड़ दो। पहले तुम मुझे उर्वशी का समाचार बताओ।

सज्जन लोग अपने मित्रों की सहायता करना अपने स्वार्थ से बढ़कर अच्छा समझते हैं। हे हंस! तुम तो ऐसे ही चलते हो, जैसे उर्वशी चलती है। तुमने उसकी चाल कहाँ से चुराई। अरे, तुम तो उड़ गए। (हँसकर) तुम समझ गए कि मैं चोरों को दंड देनेवाला राजा हूँ। अच्छा चलूँ, कहीं और खोजूँ।"

फिर वह चकवे के पास जा पहुँचते। उससे वही प्रश्न करते, लेकिन उन्हें लगता जैसे चकवा उनसे पूछ रहा है -- "तुम कौन हो?" वह कहते, "अरे, तुम मुझे नहीं जानते? सूर्य मेरे नाना और चंद्रमा मेरे दादा हैं। उर्वशी और धरती ने अपने-आप मुझे अपना स्वामी बनाया है। में वहीं पुरुरवा हूँ।" लेकिन चकवा भी चुप रहता। महाराज वहाँ से हटकर कमल पर मंडराते हुए भौरों से पूछने लगते। पर वे भी क्या जवाब देते! फिर उन्हें हाथी दिखाई दे जाता। उसके पास जाकर वह पूछते, "हे मतवाले हाथी! तुम दूर तक देख सकते हो। क्या तुमने सदा जवान रहनेवाली उर्वशी को देखा है। तुम मेरे समान बलवान हो। मैं राजाओं का स्वामी हूँ। तुम गजों के स्वामी हो। तुम दिन-रात अपना दान यानी मद बहाया करते हो, मेरे यहाँ भी दिन-रात दान दिया जाता है। तुमसे मुझे बड़ा स्नेह हो गया है। अच्छा, सुखी रहो। हम तो जा रहे हैं।"

और फिर उनको दिखाई दे जाता एक सुहावना पर्वत। उसीसे पूछने लगते, "हे पर्वतों के स्वामी! क्या तुमने मुझसे बिछुड़ी हुई सुंदरी उर्वशी को कहीं इस वन में देखा है। उन्हें ऐसा लगता जैसे पर्वतराज ने कुछ उत्तर दिया है। उन्हें खुशी होती, पर तभी मालूम होता कि वह पर्वतराज का उत्तर नहीं था, बल्कि पहाड़ की गुफा से टकराकर निकलनेवाली उन्हीं के शब्दों की गूँज थी।

यहाँ से हटे तो नदी दिखाई दे गई। उसी से उर्वशी की तुलना करने लगे। लेकिन जब वह भी कुछ नहीं बोली तो हिरन के पास जा पहुँचे। उसने भी उनकी बातें अनसुनी करके दूसरी ओर मुँह फेर लिया।ठीक ही है, जब खोटे दिन आते हैं तो सभी दुरदुराने लगते हैं। लेकिन तभी उन्होंने लाल अशोक के पेड़ को देखा। उससे भी वही प्रश्न किया और जब वह हवा से हिलने लगा तो समझे कि वह मना कर रहा है - उसने उर्वशी को नहीं देखा।

इसी प्रकार पागलों की तरह प्रलाप करते हुए जब वह यहाँ से मुड़े तो उन्हें एक पत्थर की दरार में लाल मणि-सा कुछ दिखाई दिया।

सोचने लगे कि न तो यह शेर से मारे हुए हाथी का मांस हो सकता है और न आग की चिनगारी। मांस इतना नहीं चमकता और चूँ कि अभी भारी वर्षा होकर चुकी है, इसलिए आग के रहने का कोई सवाल ही नहीं उठता। यह तो अवश्य लाल अशोक के समान लाल मणि है। इसे देखकर मेरा मन ललचा रहा है।

यह सोचकर वह आगे बढ़े और मणि को निकाल लिया। लेकिन फिर ध्यान आया कि जब उर्वशी ही नहीं है तो मणि का क्या होगा! इसलिए उसे गिरा दिया। उसी समय नेपथ्य में से किसी की वाणी सुनाई दी, "वत्स! इसे ले लो, ले लो, यह प्रियजनों को मिलानेवाली है और पार्वती के चरणों की लाली से बनी है। जो इसे अपने पास रखता है उसे वह शीघ्र ही प्रिय से मिलवा देती है।"

यह वाणी सुनकर महाराज चकित रह गए। उन्हें जान पड़ा कि मानो किसी मुनि ने यह कृपा की है। उन्होंने उस अज्ञात मुनि को धन्यवाद दिया और मणि को उठा लिया। इसी समय उनकी दृष्टि बिना फूलवाली एक लता पर पड़ी। न जाने क्यों उनका मन उछल पड़ा। उन्हें सुख मिला। वह उन्हें उर्वशी के समान दिखाई पड़ी और जैसे ही उन्होंने उसे छुआ, उर्वशी

सचमुच वहाँ आ गईं; पर उनकी आँखें बंद थीं। उसी तरह कुछ देर बोलते रहे। जब आँखें खोली और उर्वशी को देखा तो वह मूच्छित होकर गिर पड़े। उर्वशी भी रोने लगी और उन्हें धीरज बँधाने लगी। कुछ देर बाद महाराज की मूच्छा दूर हुई तो उन्हें कार्तिकेय के श्राप के कारण उर्वशी के लता बन जाने के रहस्य का पता लगा। यह भी पता लगा कि पार्वती के चरणों की लाली से पैदा होनेवाली मणि से ही इसे शाप से मुक्ति मिली है।

उर्वशी उनसे बार-बार क्षमा माँगने लगी, "मुझे क्षमा कर दीजिए, क्यों कि मैंने ही क्रोध करके आपको इतना कष्ट पहुँचाया।" महाराज बोले, "कल्याणी! तुम क्षमा क्यों माँगती हो! तुम्हें देखते ही मेरी आत्मा तक प्रसन्न हो गई है।" और फिर उन्होंने उसे वह मणि दिखाई, जिसके कारण उसका श्राप दूर हो गया था। उर्वशी ने उस मणि को सिर पर धारण किया तो उसके प्रकाश में उसका मुख अरुण-किरणों से चमकते हुए कमल के समान सुहावना लगने लगा।

इसी समय उर्वशी ने याद दिलाया, "हे प्रिय बोलनेवाले! आप बहुत दिनों से प्रतिष्ठान पुरी से बाहर हैं। आपकी प्रजा इसके लिए मुझे कोस रही होगी। इसलिए आइए अब लौट चलें।

महाराज ने उत्तर दिया, "जैसा तुम चाहो।" और लौट पड़े।

नंदन वन आदि देवताओं के बनों में घूमकर महाराज पुरुरवा फिर अपने नगर में लौट आए। नागरिकों ने उनका खूब स्वागत-सत्कार किया और वह प्रसन्न होकर राज करने लगे। संतान को छोड़ कर उन्हें अब और किसी बात की कमी नहीं थीं। उन्हीं दिनों एक दिन एक सेवक महारानी के माथे की मणि ताड़ की पिटारी में रखे ला रहा था कि इतने में एक गिद्ध झपटा और उसे मांस का टुकड़ा समझकर उठाकर उड़ गया। यह समाचार पाकर महाराज आसन छोड़कर दौड़ पड़े। पक्षी अभी दिखाई दे रहा था। उन्होंने अपना धनुषबाण लाने की आज्ञा दी।

लेकिन जबतक धनुष आया तब तक वह पक्षी बाण की पहुँच से बाहर निकल चुका था और ऐसा लगने लगा था मानो रात के समय घने बादलों के दल के साथ मंगल तारा चमक रहा हो। यह देखकर महाराज ने नगर में यह घोषणा करवाने की आज्ञा दी कि जब यह चोर पक्षी संध्या को अपने घोंसले में पहुँचे तो इसकी खोज की जाए।

यह वही मणि थी, जिसके कारण उर्वशी और महाराज का मिलन हुआ था। इसलिए महाराज उसका विशेष आदर करते थे। वह यह बात विदूषक को बता ही रहे थे कि कंचुकी ने आकर महाराज की जय-जयकार की। उसने कहा, "आपके क्रोध ने बाण बनकर इस पक्षी को मार डाला और इस मणि के साथ यह धरती पर गिर पड़ा।"

महाराज ने उस मणि को आग में शुद्ध करके पेटी में रखने की आज्ञा दी और यह जानने के लिए कि बाण किसका है उसपर अंकित नाम पढ़ने लगे। पढ़कर वह सोच में पड़ गए। उस पर लिखा हुआ था - यह बाण पुरुरवा और उर्वशी के धनुर्धारी पुत्र का है। उसका नाम आयु है और वह शत्रुओं के प्राण खींचनेवाला है।

विदूषक यह सुनकर बड़ा प्रसन्न हुआ। उसने महाराज को बधाई दी, पर वह तो कुछ समझ ही नहीं पा रहे थे।

यह पुत्र कैसे पैदा हुआ। वह तो कुछ जानते ही नहीं। शायद उर्वशी ने दैवी-शक्ति से इस बात को छिपा रखा हो। पर उसने पुत्र को क्यों छिपा रखा?

वह इसी उधेड़बुन में थे कि च्यवन ऋषि के आश्रम से एक कुमार को लिये किसी तपस्विनी के आने का समाचार मिला। महाराज ने उन्हें वहीं बुला भेजा और कुमार को देखते ही उनकी आँखें भर आईं। हृदय में प्रेम उमड़ पड़ा और उनका मन करने लगा कि उसे कसकर छाती से लगा ले। पर ऊपर से वह शांत ही बने रहे। उन्होंने तापसी को प्रणाम किया आशीर्वाद देकर तापसी ने कुमार से कहा, "बेटा, अपने पिताजी को प्रणाम करो।"

कुमार ने ऐसा ही किया। महाराज ने उसे गदगद होकर आशीर्वाद दिया और तब तापसी बोली, "महाराज! जब यह पुत्र पैदा हुआ तभी कुछ सोचकर उर्वशी इसे मेरे पास छोड़ आई थी। क्षत्रिय-कुमार के जितने संस्कार होते है वे सब भगवान च्यवन ने करा दिए हैं। विद्याधन के बाद धनुष चलाना भी सिखा दिया गया है, लेकिन आज जब यह फूल और समिधादि लाने के लिए ऋषिकुमारों के साथ जा रहा था तो इसने आश्रम के नियमों के विरुद्ध काम कर डाला।"

विदूषक ने घबराकर पूछा, "क्या कर डाला?"

तापसी बोली, "एक गिद्ध मांस का टुकड़ा लिए हुए पेड़ पर बैठा था। उस पर लक्ष्य बाँधकर इसने बाण चला दिया। जब भगवान च्यवन ने यह सुना तो उन्होंने उर्वशी की यह धरोहर उसे सौंप आने की आज्ञा दी। इसलिए मैं उर्वशी से मिलने आई हूँ।"

महाराज ने तुरंत उर्वशी को बुला भेजा और पुत्र को गले से लगाकर प्यार करने लगे। उर्वशी ने आते ही दूर से उसे देखा तो यह सोच में पड़ गई, पर तापसी को उसने पहचान लिया। अब तो वह सबकुछ समझ गई। पिता के कहने पर जब पुत्र ने माता को प्रणाम किया तो उसने पुत्र को छाती से चिपका लिया। तापसी ने उसके स्वामी के सामने उसका पुत्र उसे सौंपते हुए कहा, "ठीक से पढ़-लिखकर अब यह कुमार कवच धारण करने योग्य हो गया है, इसलिए तुम्हारे स्वामी के सामने ही तुम्हारी धरोहर तुम्हें सौंप रही हूँ और अब जाना भी चाहती हूँ। आश्रम का बहुत-सा काम रुका पड़ा है।"

जाते समय कुमार भी साथ जाने के लिए मचल उठा, पर जब सबने समझाया तो वह आश्रम-जैसी सरलता से तापसी से बोला, "तो आप बड़े-बड़े पंखों वाले मेरे उस मणिकंठक नाम के मोर को भेज देना। वह मेरी गोद में सोकर मेरे हाथों से अपना सिर खुजलाये जाने का आनंद लिया करता था।"

तापसी हँस पड़ी और ऐसा ही करने का वचन देकर चली गई।महाराज पुत्र पाकर बड़े प्रसन्न हुए परंतु उर्वशी रोने लगी। यह देखकर महाराज घबरा उठे और इस विषाद का कारण पूछने लगे। उर्वशी बोली, "बहुत दिन हुए, आपसे प्रेम करने पर भरत मुनि ने मुझे शाप दिया था। उस शाप से मैं बहुत घबरा गई थी तब देवराज इंद्र ने मुझे आज्ञा दी थी कि जब हमारे प्यारे मित्र राजर्षि तुमसे उत्पन्न हुए पुत्र का मुँह देख लें तब तुम फिर मेरे पास लौट आना।

आपसे बिछोह होने के डर से ही मैं इस कुमार को पैदा होते ही च्यवन ऋषि के आश्रम में पढ़ने-लिखाने के बहाने छोड़ आई थी। आज उन्होंने इसे पिता की सेवा करने के योग्य समझकर लौटा दिया है। बस आज तक ही मैं महाराज के साथ रह सकती थी।"

यह कथा सुनकर सबको बड़ा दुख हुआ। महाराज तो मूर्छित हो गए।जब जागे तो उन्होंने तुरंत ही पुत्र को राज्य सौंपकर तपोवन में जाकर रहने की इच्छा प्रगट की। लेकिन इसी समय नारद मुनि ने वहाँ प्रवेश किया। आकाश से उतरते हुए पीली जटावाले, कंधे पर चंद्रमा की कला के समान उजला जनेऊ और गले में मोतियों की माला पहने, वह ऐसे लगते थे जैसे सुनहरी शाखावाला कोई चलता-फिरता कल्पवृक्ष चला आ रहा हो। पूजा-अभिवादन के बाद उन्होंने कहा कि मैं देवराज इंद्र का संदेश लेकर आया हूँ। वह अपनी दैवी शक्ति से सबके मन की बातें जाननेवाले हैं। उन्होंने जब देखा कि आप वन जाने की तैयारी कर रहे हैं तो उन्होंने कहलाया है -- "तीनों कालों को जाननेवाले मुनियों ने भविष्यवाणी की है कि देवताओं और दानवों में भयंकर युद्ध होनेवाला है। युद्ध-विद्या में कुशल आप हम लोगों की सदा सहायता करते ही रहें इसलिए आप शस्त्र न छोड़े। उर्वशी जीवन भर आपके साथ रहेगी।"

देवराज इंद्र का यह संदेश सुनकर उर्वशी और पुरुरवा दोनों बहुत प्रसन्न हुए। इंद्र ने कुमार आयु के युवराज बनने के उत्सव के लिए भी सामग्री भेजी थी। उसी से रंभा ने आयु का अभिषेक किया।

अभिषेक के बाद कुमार ने सबको प्रणाम किया और उनका आशीर्वाद पाया। लेकिन बड़ी महारानी वहाँ नहीं थीं। इसलिए उर्वशी ने आयु से कहा, "चलो बेटा! बड़ी माँ को प्रणाम कर आओ।" और वह उसे लेकर बड़ी महारानी के पास चली। महाराज बोले, "ठहरो, हम सब लोग साथ ही देवी के पास चलते हैं।" लेकिन चलने से पहले नारद मुनि ने उनसे पूछा, "हे राजन। इंद्र आपकी और कौन सी इच्छा पूरी करें।"

राजा बोले, "इंद्र की प्रसन्नता से बढ़कर और मुझे क्या चाहिए। फिर भी मैं चाहता हूँ कि जो लक्ष्मी और सरस्वती सदा एक-दूसरे से रूठी रहती हैं, सज्जनों के कल्याण के लिए सदा एकसाथ रहने लगें। सब आपत्तियाँ दूर हो जाए, सब फलें-फूलें, सबके मनोरथ पूरे हों और सब कहीं सुख-ही-सुख फैल जाए।

<u>अभिज्ञानशाकुंतलम्</u> –

अभिज्ञानशाकुंतलम् कालिदास का सर्वश्रेष्ठ नाटक तो है ही संसार के नाटक साहित्य में भी इसके जोड़ का नाटक दुर्लभ है| यह कालिदास की अंतिम रचना है| यह सत अंको की रचना है, यह महाभारत के आदिपर्व के शकुन्तलोपाख्यान से लिया गया है| इसमें शकुन्तला के पिता जी ऋषि कण्व ने अपनी पुत्री के लिए विदाई के समय जो उपदेश दिया है, इतने वर्षा के पश्चात् भी सायद ही कोई पिता इस तरह का उपदेश दे सकता है-

शुश्रूषैस्वगुरून्कुरुप्रियसखीवृत्तिंसपत्नीजने
भर्तुर्विप्रकृतापिरोषणतयामास्मप्रतीपंगमः।
भूयिष्ठंभवदक्षिणापरिजनेभाग्येष्वनुत्सेकिनी

यान्त्येवंगृहिणीपदंयुवतयोवामाःकुलस्याधयः।।[9]

भारतीय आलोचकों ने "काव्येषुनाटकंरम्यंतत्ररम्याशकुन्तला"[10]कहकर इस नाटक की प्रशंसा की है| भारतीय आलोचकों के समान ही विदेशी आलोचकों ने भी इस नाटक की मुक्त कंठ से प्रशंसा की है| जब सन 1791 जार्जफोस्टर ने इसका जर्मनी में अनुवाद किया, तो उसे देखकर जर्मन विद्वान 'गेटे' इतने गदगद हुए कि उन्होंने इसकी प्रशंसा में एक कविता लिख डाली।

कालिदास की विश्व प्रसिद्ध नाटक अभिज्ञानशाकुंतलम् का सर्वप्रथम अंग्रेजी अनुवाद विलियमजोंस ने किया विलियमजोंस ने द लास्टथिंग्स की भूमिका में कालिदास को भारत का शेक्सपियर कहा[11]महाभारत के आदि पर्व के शकुंतलाउपाख्यान के अलावा पद्य पुराण के स्वर्ग खंड में भी यह कथा मिलती है| इस नाटक का प्रधान रस श्रृंगार, रीति वैदर्भी एवं वृत्ति कौशिकी है|

नाटक की कथा का आरंभ राजा दुष्यंत के तपोवन प्रवेश से होता है| राजा धनुष पर बाण चढ़ाए हुए रथ पर बैठा हुआ एक मृग के पीछे भागता हुआ दिखाया गया है| यह आखेट आरंभ में ही आगे होने वाले एक अन्य आश्रम वासी मृगवत कोमल और कमनीय प्राणी के शिकार की ओर इंगित करता है| राजा मृगया प्रेमी है| वह मृग पर बाण फेंकने के लिए प्रस्तुत है, लेकिन साथ ही वह सुंदरता प्रेमी भी है, भागता हुआ मृग बार-बार रथ की ओर ताकता है तो दुष्यन्त उसको देखकर 'ग्रीवाभङ्गाभिराम'[12]पलायन क्रिया को राजा कुछ इस प्रकार वर्णन करता है, जिससे पता चलता है कि यद्यपि उसका उद्देश्य शिकार करना है, तथापि वह सुंदर प्रेमी है, मृग के तेजी से भागने के कारण ऐसा लग रहा है कि उसका पिछला हिस्सा अगले हिस्से में प्रवेश करता जा रहा है| आधी चबाई हुई घास उसके मुँह में लगी है, जो भय के कारण गिरती जा रही है और रास्ते पर बिखरती जा रही है| वह इतना तेज भागा जा रहा है कि धरती पर कम और आसमान पर अधिक चलता नजर आ रहा है| राजा का रथ भी उतनी ही तेजी से पीछे- पीछे दौड़ रहा है इतने ही में आश्रम का तपस्वी वैखानस आ जाता है और हाथ उठाकर राजा को इस हिंसा पूर्ण कार्य से विरत करता है| वैखानस कहता है कि हे! राजन यह आश्रम मृग है| इसे मत मारो मत मारो, कहाँ इन हरिणो के कोमल प्राण और कहाँ तुम्हारे वज्र के समान बाँण, इन बाँणो को दुखियों की रक्षा के लिए सुरक्षित रखो| राजा वैखानस की बात विनीत भाव से स्वीकार करता है| फिर उसी के द्वारा निमंत्रित होकर आश्रम में प्रवेश करता है| आश्रम के प्रति उसके मन में बड़ी श्रद्धा है| तपस्सियो की तपस्या में किसी प्रकार का विघ्न न हो, यह उसकी प्रधान चिंता है| आश्रम के बाहर ही रथ को और सारथी को छोड़कर वह भीतर प्रवेश करता है और प्रवेश करते ही तीन तपस्वी कन्याओं को देखता है, जो छोट-छोटे घड़ों में पानी लेकर वृक्षों को सींच रहे हैं, इन तीन तपस्वी कन्याओं का रूप कुछ इतना मोहक है कि राजा मन ही मन सोचने लगता है कि ऐसे रूप तो अंत:पुर में भी दुर्लभ हैं| उसके मन में यही प्रतिक्रिया होती है कि यदि आश्रम वासियों में ऐसा रूप हो सकता है तो फिर उद्यान लताएं उन लताओं के सामने बहुत फीकी पड़ जाती है |

जैसा कि ऊपर बताया गया है अभिज्ञानशाकुंतलम् संसार की सर्वश्रेष्ठ कृतियों में अन्यतम है कालिदास ने शकुंतला को निसर्ग कन्या के रूप में चित्रित किया है। वह तपोवन के वृक्ष लता पशु पक्षियों के समान प्रकृति से प्रेम उत्पन्न सुकोमल लता की भांति है। प्रत्येक लता उसे अपनी बहन समझती है और वह समूचे आश्रम की प्रत्येक वस्तु को अपना सगा मानती है, जिस वन ज्योत्स्ना को उसने लता भगनी के रूप में स्वीकार किया था और जिसका विवाह उसने नवीन सहकार वृक्ष आम्र से किया था, वह उसके उपकार से गदगद जान पड़ती है। विद्वानों का अनुमान है कि इसी वन ज्योत्स्ना ने भंवर को छोड़कर उसके लिए अनुकूल वर ढूंढने का उपक्रम किया था। मृग शिशु उसके हृदय की बात जानता है और किसी अज्ञात शहजाद वृति के द्वारा भविष्य की ही दैव विदारक घटना का आभास पा जाता है। वह दुष्यंत के हाथ का दिया जल नहीं पीता और विदाई के समय पीछे से आकर उसका कपड़ा खींचने लगता है, मानो भावी दुर्घटना को वह जान गया हो और शकुंतला को पति गृह जाने से रोकना चाहता हो। चक्रवाक युवा चक्रवाकी की पुकार का उत्तर नहीं देता, मानो व इंगित कर देना चाहता है कि इस यात्रा का परिणाम शकुंतला के लिए भी ऐसा ही कुछ होने वाला है। उसकी वियोग की आशंका से सारी वनस्थली रो पड़ती है। वृक्ष आँसू की तरह पीले पत्ते गिराते हैं। मृग आधी चबाई हुई घास मुंह में लिए हुए व्याकुल भाव से ठिठक जाते हैं। मयूर नाचना छोड़ देते हैं और लताएं अपने दीर्घ निश्वास की भांति बीमारियों को उड़ा देती है। सारा चित्र कुछ इस प्रकार का है कि शकुंतला उस तपोवन में खिली हुई एक पुष्प लता के समान दिखाई देती है। अभिज्ञानशाकुंतल में प्रकृति एक जीवंत पात्र है। शकुंतला का श्रृंगार वही करती है और शकुंतला के लिए वह सबसे अधिक व्याकुल है। उसके पल्लव और पुष्प ही शकुंतला के श्रृंगार हैं। केसर और शिरीष पुष्प ही उसके कर्णफूल है। कमलिनी के पत्र ही उसे शीतलता प्रदान करते हैं, उसके क्रीडा शहर है और लता और वृक्षों की सेवा ही उसका मनोविनोद है, इस निसर्ग कन्या के जीवन में राजा का प्रवेश होता है अत्यंत विश्वास के साथ वह आत्म समर्पण करती है। छल, प्रपंच नाम की वस्तु से उसे परिचय ही नहीं है। वह जानती ही नहीं कि प्रेम का प्रत्यय ज्ञान भी हो सकता है। दुष्यंत राजा है, कूटनीति की कुशलता ही उसे सफल बना सकती है। कालिदास ने दुर्वासा ऋषि के शाप का बहाना करके उसके चरित्र की लाज रख ली। शकुंतला के प्रत्येक घटना बड़ी ही मनोरम है। अत्यंत विश्वास के साथ आगे बढ़ी हुई मुग्धा शकुंतला एक ओर अपने प्रेमी द्वारा परित्यक्त होती है और दूसरी ओर उसके स्वजन भी उसका त्याग करते हैं और एक विचित्र प्रकार के भाग्य विडंबना का दृश्य उपस्थित होता है। इस भाग्य विडंबना के मूल में राजा दुष्यंत की दी हुई अंगूठी हेतु बनती है। पहली बार प्रकृति की गोद में पड़ी हुई मुग्धा किशोरी शकुंतला को सोने का अलंकार मिला था, कृत्रिम सभ्यता का प्रवेश सोने के अलंकार के रूप में प्राकृतिक वातावरण के जीवन में होता है। यह अंगूठी ही अभिज्ञान का काम करती है और प्रत्यक्ष ज्ञान का भी कारण बनती है और दुष्यंत के हृदय में पश्चाताप का अभिधान बनती है। इस सोने के अलंकार का प्रवेश इतनी महत्वपूर्ण घटना है कि कालिदास ने अपने नाटक का नाम ही इसी के आधार पर

'अभिज्ञानशाकुंतलम्' रखा है|

इस अंगूठी का एक दूसरा रूप भी है, वह दुष्यंत के हृदय को पवित्र करने का भी निमित्त बनती है| शकुंतला की दयनीय स्थिति की याद आते ही और अपने पुराने प्रेम की स्मृति के जगते ही दुष्यंत के हृदय में पश्चाताप और व्याकुलता की आंधी बह जाती है| शकुंतला के त्यागशील और कष्ट ने दुष्यंत के हृदय को निर्मल बनाया है| उसमें सच्चे उदात्त चरित्र के रूप में निखार आया है| शकुंतला के चित्र के बनाने के बाद दुष्यंत उसमें कमी देखने लगता है| वह कमी क्या है, शकुंतला को जब तक पूरे वातावरण में रखकर न देखा जाए, तब तक उसे ठीक- ठीक नहीं समझा जा सकता, बड़ी कठिन वेदना के झेलने के बाद राजा शकुंतला को ठीक-ठीक समझ पाता है| शकुंतला का चित्र कितना भी यथार्थ क्यों ना बना हो, तब तक वह अधूरा ही है जब तक उसे उस तपोवन में नहीं देखा जाता है| जिसमें मालिनी नदी के संयुक्त पुल इन पर अत्यंत विस्तृत भाव उसे बैठे हुए हंस के जोड़े दिखाई देते हैं, जिसमें तथ्यों के स्नान उपरांत भीगे हुए बालों से जुड़े हुए जल बिंदुओं से आश्रम की पगडंडी पर आज रेखा बन गई है, जिसके पैरों पर तापस जन वल्कल सूखने के लिए फैलाए हुए हैं और उनके पैरों के नीचे आशंका है, एक दंपति विश्राम कर रहे हैं, दुष्यंत ने इस बात को ठीक ही समझा था, सारी घटनाएं कुछ ऐसी हृदय विदारक है जैसे विश्वास पूर्वक किसी मुर्गी को भुलाकर याद ने उनके पेट में छुरा भोंक दिया हो, राजा हाय- हाय कर उठा था, उस दारुण वेदना का आभास उसके इस कथन से प्रकट होता है, चित्र में वृक्ष के नीचे भारी भरकम सींघ वाला कृष्ण साबित होना चाहिए और उसके बगल में बैठी हुई उसकी प्रिया इस प्रकार अंकित होनी चाहिए जो अपनी बाईं आंख का कोना विश्वास पूर्व खुजला रही हो, ऐसा विश्वास का वातावरण था, वहां पशु प्रेमियों में शकुंतला भी उसी आश्रम में पड़ी थी, उसने भी मुर्गी की भांति विश्वास पूर्वक अपनी आंख अपने प्यारे मृग की सींग पर खुजलाने का प्रयत्न किया था, लेकिन यह मनुष्य प्रेमी इतना विश्वास घातक निकला कि उसने उसकी आंख ही फोड़ दी, असावधानी के कारण नहीं धर्मात्मा बनने के ढंग से, दुष्यंत को कहीं शकुंतला के अंदर का ठीक-ठीक परिचय पहले हुआ होत

कभी नहीं शकुंतला को जितनी ही सुकुमार पट भूमिका पर रखा है उतनी ही पवित्र मुग्धता उसमें उभारी है और उतना ही भयंकर पश्चाताप दुष्यंत के हृदय को परित्यक्त कर रहा है| शकुंतला ने आत्मसमर्पण किया था| लेकिन उसके बाह्य आकर्षण पर परिणाम बड़ा ही भयंकर हुआ, मदन देवता के फूलों के बाण विफल हो गए या उनका मादक आकर्षण व्यर्थ सिद्ध हुआ, परंतु इस क्षणिक उन्माद के प्रमाद को कालिदास चिर स्थाई बनाने के पक्ष में नहीं है| शकुंतला फिर दूसरे तपोवन में जाती है| निराश, अपमानित, लज्जित, अगर यही सब कुछ समाप्त हो जाए तो सृष्टि का उद्देश्य ही बंद हो जाए, दूसरे तपोवन में शकुंतला नयी तपस्या शुरू कर दी है| उसकी तपस्या चरितार्थ होती है| दुष्यंत का अनुताप दग्ध हृदय वात्सल्य रस से सिक्त होकर नया जीवन पाता है| वात्सल्य रस जो पुष्पधन्वा के उन्माद के मालिन्य को धो देता है| और टूटे विधियों को जोड़ने में वज्र लेप का काम करता है| अंगूठी

एक बार फिर आ जाती है, पर शकुंतला ने ठीक ही कहा था कि मैं इस पर विश्वास नहीं कर सकती, निसर्ग सौंदर्य और निसर्ग प्रेम में यह कृत्रिम अलंकरण केवल उत्पात का ही कारण बन सकता है।

शकुंतला नाटक मनुष्य के उन्माद आकर्षण से आरंभ होता है। उद्धत प्रत्यय ज्ञान से टूटता है और मंगलमय वात्सल से नया जीवन प्राप्त करता है। वह स्वर्ग और नरक की कड़ी जोड़ता है। त्याग और भोग को संतुलित करता है। कर्तव्य और निर्बाध्य प्रेम का सामंजस उपस्थित करता है। राजभवन और तपोवन का संपर्क स्थापित करता है और उन मधुवन लालसा के ऊपर प्रशांत गृहस्थी का विजय दिखाता है। यह मनुष्य और प्रकृति के साथ एक सूत्रता स्थापित करता है और विश्वव्यापी भाव चेतना के साथ व्यक्ति की भाव चेतना का पदार्थ में स्थापित करता है। इस एक नाटक को ही आश्रय करके मनुष्य के अनेक सुकुमार भाव सजीव हो उठे हैं और पूर्ण सामंजस में शोभित हुए हैं। कालिदास ने इन सुकुमार भावनाओं को बड़े ही कौशल के साथ चित्रित किया है, कोई आश्चर्य नहीं कि संसार के मनीषियों ने इसे इतना सम्मान दिया है।

෮

[1] संस्कृत साहित्य का समीक्षात्मक इतिहास /

[2] संस्कृत साहित्य का समीक्षात्मक इतिहास

[3] मालविकाग्निमित्रम् ½ ।

[4] मालविकाग्निमित्रम् 1/17 ।

[5] मालविकाग्निमित्रम् 1/16 ।

[6] संस्कृत साहित्य का समीक्षात्मक इतिहास

[7] संस्कृत साहित्य का समीक्षात्मक इतिहास

[8] विक्रमोर्वशीयम् 1/10 ।

[9] अभिज्ञानशाकुंतलम् 4/18 ।

[10] अभिज्ञानशाकुंतलम् भूमिका भाग

[11] संस्कृत साहित्य सर्वज्ञभूषण

[12] अभिज्ञानशाकुंतलम् प्रथम अंक

[1] अरविंदघोष : कालिदास पृ० 7 ।

[2] मेघदूत भाष्य और महकविकालिदस – डॉ० भगवती लाल राजपुरोहित ।

[3] कुमारसंभव , 1.1 ।

[4] शिवकुमार भारद्वाज : अखण्ड और महान भारत : कालिदास की कविता पृ० 24-25 ।

[5] मेघदूतम् भूमिका – डॉ० विजेन्द्र कु० शर्मा

[6] रघुवंशमहाकाव्य – 4/67

[7] Kalidas- date, life and works, v.v. Mirashi, p.n. 68-70

[8] पूर्वमेघ – श्लोक 28 |

[9] पूर्वमेघ – डॉ विजेन्द्र कु० शर्मा- टिप्पणी पृ० 47 |

[10] काव्यमीमांसा – आ० राजशेखर – चतुर्थ अध्याय, पृ० 27 |

[11] अभिज्ञानशाकुन्तल – कपिलदेव द्विवेदी, 3/18 |

[12] पूर्वमेघ – श्लोक 44 |

[13] "Character is lost everything is lost." – अरस्तू I

[14] अभिज्ञानशाकुन्तल – कपिलदेव द्विवेदी (सप्तम अंक पृ० 421 |

[15] उत्तरमेघ – श्लोक 22 |

[16] अभिज्ञानशाकुन्तल – श्लोक 4/8 |

[17] अभिज्ञानशाकुन्तल – श्लोक 7/34 |

[18] भगवद्गीता – 3/11 |

[19] अभिज्ञानशाकुन्तल – अंक 4, वा० 38 |

[20] अभिज्ञानशाकुन्तल - श्लोक 7/29 |

[21] अभिज्ञानशाकुन्तल – श्लोक 1/1 |

[22] ऋग्वेद – 1/164/46 |

[23] रघुवंशम् – 12/61 |

[24] अभिज्ञानशाकुन्तल – अंक 4, वा० 38 |

[25] निरुक्तशास्त्र – अध्याय 2/4 |

[26] अभिज्ञानशाकुन्तल – श्लोक 11/22 |

[27] अभिज्ञानशाकुन्तल – श्लोक 5/2 |

[28] अभिज्ञानशाकुन्तल – श्लोक 5/11 |

[29] अभिज्ञानशाकुन्तल – श्लोक 7/11 |

[30] रघुवंशम् – 13/160 |

[31] अभिज्ञानशाकुन्तल – श्लोक 4/22 |

[32] अभिज्ञानशाकुन्तल – गद्य/69, तृतीय अंक |

[33] अभिज्ञानशाकुन्तल – श्लोक 3/20 |

[34] अभिज्ञानशाकुन्तल – श्लोक 4/18 |

[35] अभिज्ञानशाकुन्तल – अंक 7 |

[36] पूर्वमेघ – श्लोक 6 |

[37] पूर्वमेघ – श्लोक 17 |

[38] पूर्वमेघ – श्लोक 21 |

[39] पूर्वमेघ – श्लोक 58 |

[40] अभिज्ञानशाकुन्तल – 4/2 |

[41] अभिज्ञानशाकुन्तल – 5/24 |

[42] माल० –पृ०-11 |

[43] एकशत्रोषितं तंत्र तन्त्रकारं यशस्विन: |
तं मुनिं कर्म चैवास्य पप्रच्छुर्विस्मितास्तदा ||76 |

[44] एम०आर०काले: मालविकाग्निमित्र, टिप्पणी पृ० 19 |

[45] रघु० पर टीका, 11.55 |

[46] रघु० ,17.47. |

[47] रघु० , 17.61 |

[48] शाकु० , 2.15, 3.17,रघु० 1.15, 16, 1.18, 4.23 |

[49] माल० 1.2 |

[50] रघु० 1.4 |

[51] वहि० पृ० , 2, विक्र० पृ० 60 |

[52] कु० 7.91 |

[53] वसंतोत्सवे,माल० , पृ० 2 पातुं न प्रथमं , शाकु० 4/9 |

[54] मेघ० (उत्तर मेघ) 1 |

[55] परमनिपुण – मेधाविनी चेति, उन्नादी , माल० पृ 8 |

[56] पण्डितकौशिकी, वही० पृ -16 |

[57] वही० पृ 21.24 , शा० , 4.6 |

[58] पूर्वमेघ , 35 |

[59]अभिज्ञानशाकुन्तल भूमिका।

[60]अभिज्ञानशाकुन्तल भूमिका।

[61] कालिदास , साहित्यलोचन एवं समीक्षा , पृ 2 |

[62]मेघदूत डॉ विजेंद्र कुमार शर्मा भूमिका पृष्ठ 12

[63]मेघदूत डॉ विजेंद्र कुमार शर्मा भूमिका पृष्ठ 13/ऋतुसंहारम।

[64]ऋतुसंहार 1/26 ।

[65]ऋतुसंहार 6/28 ।

[66]मेघदूत(पूर्वमेघ) 2 ।

[67]कुमारसंभव भूमिका भाग।

[68]कुमारसंभव 1/1 ।

[69]कुमारसंभव 1/15 ।

[70]कुमारसंभव भूमिका भाग।

[71]रघुवंश भूमिका भाग /

[72]रघुवंश भूमिका भाग

[73]रघुवंश / कालिदास ग्रंथावली 16/63 ।

2

मेघदूतम् का प्रतिपाद्य विषय

मेघदूत की कथावस्तु संभवत: कवि कल्पित है एवं कथा नाममात्र ही है | कवि ने विरही यक्ष के मुख से अलकापुरी के मार्ग तथा अलका के वर्णन द्वारा प्रकृति चित्रण का सुन्दर और सरस अवसर खोज लिया है | पूर्वमेघ में मार्ग का वर्णन है और उत्तर मेघ में अलका की समृधि तथा यक्षिणी के सौन्दर्य तथा विरह दशा का | अतः पूरे मेघदूत का प्रतिपाद्य विषय 'विप्रलम्भ श्रृंगार' एवं 'भौगोलिक वर्णन ' ही दिखाई दे रहा है |

मेघदूत प्राचीन वर्गीकरण के अनुसार खण्डकाव्य की कोटि में आता है | कवि की अपनी कल्पना से प्रसूत है | मेघदूत में कथा नाममात्र के लिए है | 'कवि का मुख्या उद्देश्य अपने परिचित स्थानों का काव्यमय वर्णन तथा प्रथम वियोग में सहृदय युवक प्रेमियों के भावो का चित्रण करना ही प्रतीत होता है,[1]| कुछ विद्वानों ने यह विचार प्रकट किया है कि कवि को इस काव्य में यक्ष की विरह वेदना के व्याज से अपने जीवन की ही घटना का चित्रण किया है | प्रारम्भ में यह विचार आकर्षक प्रतीत होता है, परन्तु इसकी पुष्टि में कोई साक्ष्य प्रस्तुत नहीं किया जा सकता | प्रतिभाशाली कवियों की रचनाओ में वैयक्तिक अनुभूतियो का नहीं, वरन् विश्व-अनुभूतियो का मार्मिक उद्घाटन हुआ है |

कुछ विद्वानों ने मेघदूत का मूल स्त्रोत 'वाल्मीकि रामायण' के अन्तर्गत सीता के प्रति हनुमान द्वारा भेजे गए राम के संदेस में देखने का प्रयास किया है | रामायण और मेघदूत के कुछ अंशो में भाव और पदावली की समानता के आधार पर यह दिखने का प्रयन्त किया है कि कालिदास ने मेघदूत की रचना रामायण के अनुकरण पर की है | प्राचीन टीकाकारो में से 'दक्षिणावर्त'[2] और 'मल्लिनाथ'[3] ने भी परम्परा के अनुसार मेघदूत का प्रेरण-स्त्रोत रामायण को कहा है | मेघदूत में सीता[4] और राम[5] सम्बन्धी श्लोको से यह तो स्पष्ट ही है की मेघदूत की रचना के समय कालिदास के मन में रामकथा का विचार अवश्य रहा होगा –

कश्चित्कान्ताविरहगुरुणा स्वाधिकारात्प्रमत्तः

शापेनास्तङ्गमितमहिमा वर्षभोग्येण भर्तुः ।
यक्षश्चक्रे जनकतनयास्नानपुण्योदकेषु
स्निग्धच्छायातरुषु वसतिं रामगिर्याश्रमेषु ।।1।।
अपृच्छस्व प्रियसखममुं तुङ्गमालिङ्ग्य शैलं
वन्द्यैः पुंसां रघुपतिपदैरङ्कितं मेघलासु ।
काले काले भवति भवतो यस्य संयोगमेत्य
स्नेहव्यक्तिश्चिरविरहजं मुञ्चतो वाष्पमुष्णम् ।।12।।

कालिदास ने रघुवंश में अपने पूर्ववर्ती विद्वानों का ऋण स्वीकार भी किया है[6]। कवि ने पूर्ववर्ती कवियों के काव्य तथा अन्य पुराणशास्त्र आदि ग्रन्थों का अच्छा अभ्यास किया था, यह उनके काव्यो के पर्यालोचन से बिल्कुल स्पष्ट है इसलिए कालिदास पर वाल्मीकि के प्रभाव से इंकार नहीं किया जा सकता । फिर भी यह बात असंदिग्ध रूप से कही जा सकती है कि मेघदूत को वाल्मीकि रामायण के किसी अंश विशेष का अनुकरण नहीं कहा जा सकता । कालिदास ने मेघ के मार्ग का वर्णन करते हुए प्रकृति का जो चित्रण किया है, उसका काव्यमय सूक्ष्म विवरण कवि की अपनी प्रतिभा की स्वतंत्र सृष्टि है ।

कुछ विद्वानों ने मेघदूत का मूल स्रोत 'ब्रह्म्वैवर्तपुराण' को माना है, क्योकि इस पुराण में योगिनी एकादशी (आषाण कृष्ण पक्ष की एकादशी- देवशयन एकादशी) के महात्म्य के प्रसंग में कुबेर द्वारा जिस अभिसप्त यक्ष की कथा का वर्णन किया गया है वही कथा मेघदूत में वर्णित की गई है । लेकिन प्रश्न यह है कि इन दोनों में अर्थात 'ब्रह्म्वैवर्तपुराण' और कालिदास में प्राचीन कौन है ? यदि 'ब्रह्म्वैवर्तपुराण' प्राचीन है तो निस्संदेह यही कथा मेघदूत का स्रोत है, ऐसा मानने में आपत्ति नहीं हो सकती ।

इसका कुछ कथानक 'गुणाढय' के 'वृहत्कथा' में आया हुआ है, स्थूणाकर्ण नाम का कोई यक्ष था, जो कुबेर[7] के यहाँ सेवक था, वह प्रतिदिन कुबेर के यहाँ पूजा के लिए पुष्प ले जाता था, किसी कारण से एक दिन पुष्प लेकर नहीं पहुँचा, जिससे राजराजकुबेर को उसके प्रति असन्तोष हुआ तथा क्रोध आया, जब उन्होंने यक्ष को बुलाकर पुष्प न लेन का कारण पूँछा तो वह सही उत्तर नहीं दे पाया । लेकिन सच बात यह थी कि उसका विवाह हो गया था, उसकी नवोढा आई हई थी और उसके स्नेह प्रेम में आसक्त हो करके उसने यह गलती की थी । जिससे कुबेर क्रुद्ध हो करके उसको श्राप दे दिया कि तेरे इस राजाज्ञा का पालन न करने में तेरी पत्नी ही मूल कारण है । उसके प्रेम में आसक्त होने के कारण ही तुमने राजाज्ञा का उल्लंघन किया । जाओ तुम्हे मै श्राप देता हूँ कि एक वर्ष[8] के लिए अपनी पत्नी से अलग रहोगे । एक वर्ष के शाप से उसको वियोग हो गया । एक वर्ष का शाप काटने के लिए वह रामगिरि आश्रम[9] पर गया । धीरे-धीरे उसे आठ महिना बीत गया । यह आठ महिना बीतने का समय तो कालिदास ने कहीं नहीं बताया । उन्होंने तो केवल 'कुछ मास' "कतिचित् मसान्"[10]ही कहा है । कोई निश्चित संख्या नहीं दि गयी किन्तु उत्तर मेघ श्लोक 50 में शेष शाप की अवधि चार महीने बताई है[11]। जबकि पूर्वमेघ श्लोक 1 में **"वर्षभोग्येण"**[12]कह

कर सम्पूर्ण शाप की अवधि एक वर्ष बताई है | अतः आठ मास व्यतीत हो गया, अतः 'कतिचित् मसान्' का अर्थ आठ मास होगा |

आषाढ़ के प्रथम[13] दिन में जब उसे मेघ दिखाई दिया तो वह धैर्य नहीं धारण कर पाया और वह विक्षिप्त स हो गया और उसने मेघ से अपना संदेश भेजने का निर्णय लिया | यहीं से कालिदास का मेघदूत प्रारम्भ होता है और यही इतनी सि हि मेघदूत की मूल कहानी है | प्राचीन साहित्य में जगह-जगह आई हुई है | 'कथासरित्सागर' में एवं गुणाढय की 'वृहत्कथा' में जितने भी संस्करण है उसमे प्रायः 'स्थूणाकर्ण' की कथा आई हुई है | वहाँ से भी कालिदास ने प्रेरणा प्राप्त की | यद्‌यपि की कहानी तो एक ही पंक्ति की है किन्तु उसको कालिदास ने विस्तार करके लिखा | उसके संदेश में ही पिप्रलाम्भ श्रृंगार की जो अनुभूति है, उसी अनुभूति के स्तर पर लिखा हुआ काव्य है |

साथ ही संदेश के बहाने भारत की जलवायु, वर्षा एवं भौगोलिक वर्णन से कई रहस्यों का उद्घाटन होता है| यही की उन्होंने नाकपुर से हिमालय तक या भारत के अन्य भागो का भ्रमण किया था | उज्जैनी[14] के वर्णन में बेहद श्रद्धा दिखाने से उनके यहाँ का निवासी होने का भी अनुमान लगता है |

<u>विशुद्ध प्रेम का वर्णन –</u>

अधिकांश विचारकों का मानना है कि कालिदास ने अपने जीवन की किसी बिरह व्यथा कथा को मेघदूत में संदेश बनाकर निबंध किया है | हिंदी कवि नागार्जुन के अनुसार-

वर्षा ऋतु की स्निग्ध भूमिका प्रथम दिवस आषाढ़ मास का देख गगन में श्याम घन-घटा विधुर यक्ष का मन जब उचटा खड़े-खड़े जब हाथ जोड़कर चित्रकूट के शुभाग शिखर पर उस बेचारे ने भेजा था, जिनके द्वारा ही संदेशा उन पुष्करावर्त मेघो का साथी बनकर उड़ने वाले कालिदास ! सच-सच बतलाना पर पीड़ा से पूर-पूर हो थक-थक कर और चूर-चूर हो अमल धवल गिरि के शिखरों पर प्रियवर ! तुम कब तक सोये थे ? कालिदास ! सच-सच बतलाना |

हिन्दी कवि नागार्जुन के उपर्युक्त विचार से कालिदास की स्वंय की ही कथा मानने के पक्ष में जान पड़ते है | किन्तु नागार्जुन की यह कल्पना तार्किक ही है क्योकि कालिदास की पत्नी विद्योत्मा से भी कालिदास का विरह हुआ था और कालिदास जंगल में ज्ञान प्राप्ति हेतु चले गए थे, इसी कहानी को अप्रत्यक्ष रूप से कुछ परवर्तन करके प्रस्तुत कर दिया गया, यह मानना भी अतिशयोक्ति न होगी |

कुछ भी हो कालिदास ने अपने मेघदूत खण्डकाव्य के माध्यम से भारतीय संस्कृति को ध्यान में रखते हुए प्रेम के विशुद्ध चरमकाष्ठा को प्रस्तुत किया | आपने पतिव्रता स्त्री तो बहुत सुना होगा, लेकिन कालिदास ने पतिव्रता स्त्री के साथ ही साथ पत्नीव्रता पति का भी विशुद्ध पक्ष रखने का सफल प्रयास किया है | यहाँ यक्ष के प्रेम की भी शुद्धता ही है कि अपनी पत्नी यक्षिणी से दूर हो जाने पर उसके विरह मे इतना व्याकुल हो जाता है कि उसे चेतन-अचेतन का भी भान नहीं होता है और वह अपनी पत्नी के पास संदेश भेजने की शीघ्रता में बादल के सामने ही अपना संदेश कहने के लिए खड़ा हो जाता है –

धूमज्योतिःसलिलमरुतांसन्निपातःक्वमेघः
सन्देशार्थाःक्वपटुकरणैःप्राणिभिःप्रापणीयाः।
इत्यौत्सुक्यादपरिगणयन्गुह्यकस्तंययाचे
कामार्तांहि प्रकृतिकृपणाश्चेतनाचेतनेषु[15] ||

इतना अधिक विरह में दग्ध वही व्यक्ति व्याकुल हो सकता है, जिसने किसी एक स्त्री से ही विशुद्ध प्रेम किया हो | जिसकी अनेक पत्नियाँ या प्रेमिकायें होती है उसका किसी एक के प्रति प्रेम इतना विशुद्ध नहीं हो सकता है | उदाहरण के रूप में कालिदास के ही प्रसिद्ध नाटक अभिज्ञानशाकुंतल के दुष्यन्त का वह विरह नहीं है जो मेघदूत के यक्ष का | विशुद्ध प्रेम का यदि अन्य उदाहरण ले तो रामायण में या रामायण से ही लिया गया भवभूति विरचित उत्तररामचरित के द्वितीय अंक में राम का पंचवटी में बार-बार मुर्छित हो जाना – 'हाय प्यारी जानकी , अन्तःकरण में छिपी हुई और आज भयंकर रूप में जलने वाली दुःख रुपी अग्नि के धूम-राशि के तुल्य मुर्छा मुझे पहले (दुःख फैलने से पहले) ढक रही है'

अन्तर्लीनास्य दुःखाग्नेरद्योद्यामंज्वलिष्यतः।
उत्पीडइवधूमस्यमोहःप्रागावृणोतिमाम्[16]||

इसी प्रकार –

"हा देवी दंडकारण्यवासप्रियसखी विदेहराज पुत्रि" | *इति मूर्च्छति,*[17]

यह मनोवैज्ञानिक विशुद्ध प्रेम की चर्मोत्काष्ठा है | प्रेम की ऐसी चर्मोत्काष्ठा से परिपूर्ण ग्रन्थ इस जगत में विरले ही मिलते है |

इसी प्रकार कालिदास ने यक्षिणी के प्रेम की विशुद्धता का वर्णन करने के लिए तो अपना हृदय ही निकाल कर रख दिया | यक्षिणी अपने पति यक्ष के विरह में व्यकुल हो कर इतनी दुबली पतली हो जाती है, कि इसके हाथ से कंगन निकल कर अपने आप गिर जाता है |

यक्ष अपनी पत्नी यक्षिणी में ही अपना जीवन समझता है | यक्ष स्वयं कहता है कि हे! मेघ उसे (यक्षिणी को) तुम मेरा दूसरा प्राण समझना[18]|

प्रथम काव्य या आर्षकाव्य के रुप में जाना जाने वाला वाल्मीकि कृत रामायण के नायक 'राम' को मर्यादा पुरुषोत्तम नायक के रुप में जाना जाता है | राम एक पत्नी व्रता नायक है | वह समाज के लिए आदर्श का दर्पण एवं कर्तव्यपरायण नायक हैं | उन्होंने अपना राजधर्म निभाते हुए प्रजा अनुरंजन हेतु सीता को भले ही त्याग दिया है, लेकिन हृदय से वह सीता को कभी नहीं भूल पाते तथा सीता के प्रति उनका प्रेम तब छलकता हुआ बाहर आ जाता है, जब वह पुनः पंचवटी में प्रवेश करते हैं[19] |

किंतु सीता का प्रेम तो अवर्णनीय है और सदैव उन्होंने लंका में अकेले बैठकर विशाल विरह काल को बिताया है | किंतु उनका राम के प्रति इतना विशुद्ध प्रेम है की लंका जोकि सोने की खान है, वहां पर बैठी हुई है तथा रावण के बार-बार कहने पर भी वह उसकी बात में नहीं आती है | वह तो सिर्फ राम का ही स्मरण करती हैं, किंतु आश्चर्य की बात है कि सीता को सोने का हिरण चाहिए था | उसी सोने के हिरण की वजह से सीता का रावण के द्वारा हरण

हुआ, लेकिन आज सीता सोने की लंका में ही है, परंतु अब उन्हें सोना नहीं बल्कि सिर्फ उनका प्राणप्रिय सिर्फ राम चाहिए | इतनी शुद्ध हृदय वाली सीता जो देवी की रूप मानी जाती है | कालिदास ने अपनी यक्षिणी को उसी सीता के समान तथा मेघ को हनुमान के समान माना है जिससे कालीदास का मेघदूत भी पूजनीय हो जाता है –

इत्याख्याते पवनतनयं मैथिलीवोन्मूखी सा
त्वामुत्कण्ठोच्छ्वसितहृदया वीक्ष्य सम्भाव्य चैवम्।
श्रोष्यत्यस्मात्परमवहिता सौम्य सीमन्तिनीनां
कान्तोदन्तः सुहृदुपनतः सङ्गमात्किञ्चिदूनः[20] ||

<u>श्रृंगार रस की स्थापना</u> –

किसी भी साहित्य या काव्य में 'रस' का होना बहुत महत्वपूर्ण स्थान होता है | रस के बिना काव्य अधूरा स प्रतीत होता है | अनेक काव्यशास्त्रियों ने काव्य की परिभाषा में रस का होना अनिवार्य सिद्ध करने का प्रयास किया है | यहाँ तक की 'आचार्य विश्वनाथ' ने अपने 'साहित्यदर्पण' में रस को काव्य की 'आत्मा' माना है – *"वाक्यं रसात्मकं काव्यम्"*[21]

यद्यपि की रस के भेद के विषय में अनेक विद्वानों का भिन्न-भिन्न मत है | आ० विश्वनाथ एवं 'आ० मम्मट' ने *"नवरसरुचिरम्"*[22] कहकर 'नौ' रसो की मानता प्रदान की है | इन रसो में श्रृंगार रस को रसो का राजा माना जाता है | कालिदास ने अपने अन्य रचनाओ की तरह मेघदूत में भी श्रृंगार रस (वियोग श्रृंगार) का बड़ी गहराई से वर्णन किया है संपूर्ण मेघदूत में बिरह व्यथा में व्याकुल वियोग श्रृंगार का ही लक्षण घटित हो रहा है| कहाँ यक्षिणी अलकापुरी में और कहाँ यक्ष रामगिरि पर्वत पर और कहाँ उनका यह वियोग एक वर्ष तक का है, उन्होंने संपूर्ण मेघदूत में वियोग श्रृंगार एवं संभोग श्रृंगार का भी वर्णन किया है, कालिदास यह बात भी अच्छी प्रकार समझते हैं कि स्त्रियाँ प्रारम्भ में अपने प्यार को प्रकट नहीं करती बल्कि अपने हाव-भाव प्रकट करती हैं-

वीचिक्षोभस्तनितविहगश्रेणिकाञ्चीगुणायाः
संसर्पन्त्याः स्खलितसुभगं दर्शितावर्तनाभेः ।
निर्विन्ध्यायाः पथि भव रसाभ्यन्तरः सन्निपत्य
स्त्रिणामाद्यं प्रणयवचनं विभ्रमो हि प्रियेषु[23]||

सम्भोग श्रृंगार का वर्णन 'गंभीरा नदी चंचल चितवन के साथ जब मेघ से मिलती है तो भला वह उसे कैसे छोड़ सकता है ; क्योकि मेघ तो 'ज्ञातस्वादा' है –

"ज्ञातस्वादो विवृतजघनां को विहातुं समर्थः"[24]

सम्भोग को उक्त बिन्दुओ की बौछार करके जहाँ कालिदास ने मेघ के मार्ग को सरस बनाया है, वहीं वियोग की व्यंजना के लिए पृष्टिभूमि भी प्रस्तुत की है | वियोगिनी यक्षिणी की वियोग दशा का बड़ा ही मार्मिक चित्रण मेघदूत में कवि ने किया है | यक्षिणी विरह-व्यथा से क्षीण शय्या पर उसी प्रकार एक करवट पड़ी है जैसे पूर्व दिशा में कृष्ण पक्ष में क्षीण चन्द्रकला –

अधिक्षामां विरहशयने सन्निषण्णैकपार्श्वां
प्राचीमुले तनुमिव कलामात्रशेषां हिमांशोः |
नीता रात्रिः इव मया सर्धामिच्छारतैर्या
तामेवोष्णैर्विरहमहतीमश्रुभिर्यापयन्तीम्[25]

इतना ही नहीं अपितु उसने आभूषणो का त्याग कर दिया है और बड़ी कठिनाई से जीवन धारण कर रही है और उसे देखकर मेघ भी रो पड़ेगा –

सा संयास्ताभरणमबला पेशलं धारयन्ती
सय्योत्संगे निहितमसकृद् दुःख दुःखेन गात्रम् |
त्वाम्प्यस्त्रं नवजलमायं मोचयिश्यत्यवश्यं
प्रायः सर्वो भवति करुणावृत्तीरार्द्रान्तरात्मा[26] ||

कालिदास रसों के सरस चित्रकार है इसी लिए उन्हें "रससिद्ध कवीश्वर"की उपाधि से विभूषित किया गया |

<u>प्रकृति एवं अन्य वस्तु वर्णन</u> –

जिस प्रकार मनुष्य समाज में रहकर अपना जीवन यापन करता है उसके जीवन यापन में अनेक क्षेत्र आते हैं वह विभिन्न परिस्थितियों के बीच संबंध अथवा विरोध करता हुआ अपना मार्ग निर्धारित करता है उसी प्रकार कथा प्रधान काव्यो में नायक या पुरुष प्राकृतिक दृश्यों, स्थलों या भौतिक पदार्थों में से अपना मार्ग निकालता हुआ जीवन पथ पर अग्रसर होता है| काव्य में इसी को प्रकृति चित्रण और वस्तु वर्णन कहते हैं जैसा कि डॉ० श्याम सुंदर दास ने लिखा है- "कि प्रकृति की ओर मनुष्य निसर्गतः आकृष्ट होता रहता है क्योंकि उससे उसकी वासनाओं की तृप्ति होती है| इस नैसर्गिक आकर्षण का परिणाम या होता है कि मनुष्य प्रकृति के उन चित्रों को अपने दुख के रस से सिक्त कर अभिसिन्चित करता है और वे भिन्न कलाओं के रूप में प्रकट हो मानव हृदय को रसान्वित करते हैं"[27]

तात्पर्य यह है कि प्रकृति मानव जीवन की आदिम सहचरी और धात्री है उसकी गोद में वह पला बढ़ा है फलद् वृक्षों से बुभुक्षा शान्त की है | नदियों, सरोवरों ने उसकी तृषा बुझाई है| आकाश के टिमटिमाते तारों ने उसे अपनी और आकर्षित किया है| पक्षियों का मधुर कलरव, शीतल, मन्द सुगन्धित बयार ने उसके मन में आनन्द की सृष्टि की है तो विद्युत नर्तन और मेघ गर्जन ने उसके मन में जिज्ञासा उत्पन्न की है इसलिए मानव हृदय की रागात्मक अनुभूतियो का सम्बन्ध अनादिकाल से प्रकृति से ही जुड़ा रहा है| भारतीय आचार्य ने महाकाव्य के लक्षण निरुपित करते हुए यह कहा है कि उसमें प्राकृतिक दृश्यो का चित्रांकन समुद्र, पर्वत, नगर शैल चंद्रोदय, सूर्योदय, उद्यान आदि का यथा अवसर होना चाहिए जैसा कि दंडी ने लिखा है-

नगरार्णव शैलस्तु चंद्राकोर्दयवर्णनैः
उद्यान सलिल क्रीडा मधुपानरतोत्सवैः|[28]

विरही यक्ष प्रकृति के उपकरण मेघ से अपनी प्रिया के पास सन्देश ले जाने का आग्रह करता है, अत: यह स्वाभाविक हि है कि कवि में आकाशीय प्राकृतिक तत्वों के साथ धारित्री से सम्बंधित प्राकृतिक उपादानो का ऐसा मधुर हृदयवर्जक वर्णन किया है, जिसे देख पाठक इससे अभिभूत हुए बिना नहीं रहा सकता है इसलिए कालिदास के मेघदूत को प्रकृति का काव्य है ऐसा मुँह से बलात निकल पड़ता है | ·

<u>प्रकृति का आलंबन रूप –</u>

आलम्बन रूप से हमारा तात्पर्य है की प्राकृतिक दृश्यों का स्वतंत्र रुप से चित्रांकन किया जाए| इसके अंतर्गत कवि प्रायः या तो नाम परिगणन प्रणाली का आश्रय लेते हैं जिसके अंतर्गत अंचल विशेष में प्राप्त होने वाले पारथीय वस्तुओं वृक्षों, लताओं, पुष्पों का उल्लेख मात्र करते हैं| वस्तुतः ऐसे चित्रण कवि के तथ्यान्वेषणीय प्रतिभा के परिचायक होते हैं| शुद्ध आलम्बन की कोटि में आने वाले प्रकृति चित्रण संश्लिष्ट रूप में प्रयुक्त होते हैं| कालिदास के पूर्व मेघ में ऐसे चित्रों की भरमार है जिसमें यक्ष और मेघ के बीच साख्य सम्बन्थ स्थापित हो जाता है| इस बहाने कवि ने प्रकृति के अनेक संश्लिष्ट चित्रों का प्रयोग किया है| कवि ने लिखा है कि 'मन्दवायु के सहारे उड़ने वाले मेघ के समीप पपीहा और आनंद के कारण पंक्तिबद्ध बलाका पंक्ति उसके सौन्दर्य में वृद्धि हि करेगी –

मन्दं मन्दं नुदति पवनश्चानुकूलो यथा त्वां
वामश्चायं नदति मधुरं चातकस्ते सगंधः
गर्भाधानक्षण परिचायान्नूमाबध्द मालाः
सेविष्यन्ते नयन सुभगं खे भवन्तं बलाका[29]

इन काले नीले मेघो के साथ सह भ्रमण करते हुए कमल के अग्र भाग का भोजन करने वाले श्वेतराजहंस कितनी शोभा उत्पन्न करते होगे ऐसा चित्र कोई भावुक कल्पक कवि ही खीच सकता है, इसमें दूरयात्री मेघ के साथ यात्रा में विराम देने के लिए सह यात्री के रूप में मेघो का वर्णन तो है हि साथ में कवि बादल और हंसो की सूक्ष्म विशेषताओ का चित्रंकन किया है –

कर्तुं यच्च प्रभवति महीमुच्छिलीन्ध्रामवन्ध्यां
तच्छत्वा ते श्रवणसुभगं गर्जितं मानसोत्काः।
आकैलासादिवसकिसलयच्छेदपाथेयवन्तः
सैपत्स्यन्ते नभसि भवती राजहंसाः सहायाः[30]।।

वर्षा ऋतु में जल दृष्टि करने वाले मेघ जब जल से सूने हो जाएंगे तो कहीं हवा के कारण मार्ग से विचलित ना हो सके, इसके लिए कवि ने जंगली हाथियों के मद से सुगन्धित, जामुन से तिक्त जल को पीकर आगे बढ़ने को कहा है,| ऐसा वर्णन पढ़कर किनका मन अभिभूत नहीं हो उठेगा-

तस्यास्तिक्तैर्वननगजमदैर्वासितं वान्तवृष्टि-
जम्बूकुञ्जप्रतिहतरयं तोयमादाय गच्छेः।

अन्तःसारं घन! तुलयितुं नानिलः शक्ष्यति त्वां
रिक्तः सर्वो भवति हि लघुः पूर्णता गौरवाय[31]।।

मेघदूत में निश्चय ही वर्षा के प्रारंभ से उपकरणों का चित्रांकन दो या तीन माह के भीतर का है इस मत में प्राकृतिक वैभव को समेटने में कवि प्यासा है क्योंकि उपवनों की जूही की कलियों को नए जल के बूंदों से सींचते हुए इस मेघ की तुलना का कानो पर पसीने को हटाने से उत्पन्न कमल से किया है। मेघ को क्षण भर के लिए सुंदर प्रेमी रसिक बना दिया है, कहना नहीं होगा कि कालिदास ने अपने मेघदूत में रामगिरी आश्रम से लेकर अलकापुरी में पड़ने वाले विभिन्न ग्राम, जनपद, तीर्थ, मंदिर, नदी, सरोवर, वृक्षों पुष्प के रंगों का ऐसा भावी चित्र अंकित किया है, जिसमें कवि की कल्पना का पता चलता है। विभिन्न वस्तुओं के रंगों संयोजन से जो नए इंद्रधनुष सी रंगों का निर्माण हुआ है ऐसे संश्लिष्ट चित्रों में कवि बहुत रमा हुआ है।

☙

[1] मेघदूत डॉ विजेन्द्र कुमार शर्मा, भूमिका – पृ० 40 ।

[2] इह खलु कविः सीतां प्रति हनुमता हारितं संदेश हृदयेन समुद्वहन् तत्स्थानीयनायकाद्युत्पादनेन संदेशं करोति ।

[3] सीतां प्रति हनुमत्संदेशं मनसि निधाय मेघसंदेशं कविः कृतवानित्याहुः ।

[4] पूर्वमेघ – श्लोक सं०- 1 ।

[5] पूर्वमेघ – श्लोक सं०- 12 ।

[6] रघुवंश ¼ ।

[7] रामायण में कुबेर भगवान शंकर को प्रसन्न करने के लिए कुबेर ने हिमालय पर्वत पर तप किया। तप के अंतराल में शिव तथा पार्वती दिखायी पड़े। कुबेर ने अत्यंत सात्विक भाव से पार्वती की ओर बायें नेत्र से देखा। पार्वती के दिव्य तेज से वह नेत्र भस्म होकर पीला पड़ गया। कुबेर वहां से उठकर दूसरे स्थान पर चला गया। वह घोर तप या तो शिव ने किया था या फिर कुबेर ने किया, अन्य कोई भी देवता उसे पूर्ण रूप से संपन्न नहीं कर पाया था। कुबेर से प्रसन्न होकर शिव ने कहा-'तुमने मुझे तपस्या से जीत लिया है। तुम्हारा एक नेत्र पार्वती के तेज से नष्ट हो गया, अतः तुम एकाक्षीपिंगल कहलाओंगे।

कुबेर ने रावण के अनेक अत्याचारों के विषय में जाना तो अपने एक दूत को रावण के पास भेजा। दूत ने कुबेर का संदेश दिया कि रावण अधर्म के क्रूर कार्यों को छोड़ दे। रावण के नंदनवन उजाड़ने के कारण सब देवता उसके शत्रु बन गये हैं। रावण ने क्रुद्ध होकर उस दूत को अपनी खड्ग से काटकर राक्षसों को भक्षणार्थ दे दिया। कुबेर का यह सब जानकर बहुत बुरा लगा। रावण तथा राक्षसों का कुबेर तथा यक्षों से युद्ध हुआ। यक्ष बल से लड़ते थे और राक्षस माया से, अतः राक्षस विजयी हुए। रावण ने माया से अनेक रूप धारण किये तथा कुबेर

के सिर पर प्रहार करके उसे घायल कर दिया और बलात उसका <u>*पुष्पक विमान*</u> ले लिया।

1. *विश्वश्रवा की दो पत्नियां थीं। पुत्रों में कुबेर सबसे बड़े थे। शेष रावण, <u>कुंभकर्ण</u> और <u>विभीषण</u> सौतेले भाई थे। उन्होंने अपनी मां से प्रेरणा पाकर कुबेर का पुष्पक विमान लेकर <u>लंका</u> पुरी तथा समस्त संपत्ति छीन ली। कुबेर अपने पितामह के पास गये। उनकी प्रेरणा से कुबेर ने शिवाराधना की। फलस्वरूप उन्हें 'धनपाल' की पदवी, पत्नी और पुत्र का लाभ हुआ। गौतमी के तट का वह स्थल धनदतीर्थ नाम से विख्यात है।*

[8] वर्षभोग्येण भर्तुः ० , पूर्वमेघ – श्लोक 1 |

[9] रामगिर्यारररमेषु ० , पूर्वमेघ – श्लोक 1 |

[10] कतिचित् मसान् ० , पूर्वमेघ –श्लोक 2 |

[11] "शेषान्मासान् गमय चतुरो लोचने मीलित्वा" उ० में० श्लोक – 50 |

[12] "शापेनास्तङ्गमितमहिमा वर्षभोग्येण भर्तुः" पू० में० श्लोक – 1 |

[13] "आषाढस्य प्रथमदिवसे मेघमाश्लिष्टसानुं" पू० में० श्लोक – 2 |

[14] पूर्वमेघ |

[15] पू० में० – श्लोक -5 |

[16] उत्तररामचरितम् - 3/9 |

[17] उत्तररामचरितम् – तृतीय अंक, गद्य/32 |

[18] "तां जानिथा: परिमितकथां जीवितं में द्विवतीयं" –उ० में० –श्लोक – 23 |

[19] उत्तररामचरितम् – तृतीय अंक |

[20] उ० में० – श्लोक – 40 |

[21] साहित्यदर्पण – आ० विश्वनाथ, प्रथम परिच्छेद, पृ० 133 |

[22] काव्यप्रकाश – 1/1 |

[23] पू० में० – श्लोक -29 |

[24] पू० में० – श्लोक – 44 |

[25] उ० में० – श्लोक – 29 |

[26] उ० में० – श्लोक – 33 |

[27] साहित्य लोचन पृ०स०-7

[28] काव्यादर्श – 1/16

[29] पूर्वमेघ श्लोक स० – 10

[30] पूर्वमेघ

[31] पूर्वमेघ – श्लोक 20 |

3

सांस्कृतिक एवं भौगोलिक दृष्टि से विवेचन

<u>सांस्कृतिक विवेचन –</u>

सांस्कृतिक विवेचन का अर्थ है किसी 'संस्कृति' की विशेषताओ की कला के माध्यम से प्रस्तुत करना संस्कृति मनोरन्जन परक नहीं होती है | इस लिए सांस्कृतिक कार्यक्रम मनोरन्जन नहीं है | यद्यपि की इसकी अभिव्यक्ति के साधन नित्य,गान, वादन,तथा अन्य श्रव्य-दृश्य माध्यम ही होते है | वस्तुतः संस्कृति की अनुभूति इन माध्यमो में सहजता से होती है |

क्योकि ये ललित कलाए तथा मन्चकलाए स्वंय में इतने चैतसिक प्रकार की होती है कि इनमे सभ्यता का भौतिक पक्ष अत्यन्त अप्रभावी रहता है | इसके विपरीत सभ्यता से जुडी चीजे जैसे शासन प्रणाली परिवहन एवं संचार के साधन, आवास आदि में भौतिक सुविधा का पक्ष महत्वपूर्ण होता है |अतः इसमें सांस्कृतिक पक्ष प्रखरता के साथ प्रकट नहीं होती |

सांस्कृतिक कार्यक्रम का अर्थ नाच-गाना नहीं है, किंतु इसमें इसका पक्ष इतना प्रभावी होता है कि सांस्कृतिक कार्यक्रम का अर्थ मनोरंजन का कार्यक्रम समझा जाने लगा है |

अब यह प्रश्न अवश्य है की संस्कृति क्या है ? तो इसका सहज एवं सीधा उत्तर है, कि संस्कृति मनुष्य की वह सर्जनात्मक गतिविधि है जो उसे प्राकृतिक स्थितियों से ऊपर उठाती है| उसके आहार, निद्रा, भय, मैथुन, आदि स्वाभाविक प्रवृत्यो को मूल व्यवस्था से नियमित और नियंत्रित करती है | नियमन और नियंत्रण के इन आधारों को व्यक्ति तक संप्रेषित करने के लिए जिन उपायों का प्रयोग किया जाता है, वे प्रदर्शनात्मक प्रकृति के ही होते हैं | अतः उन क्रियाओं को अंततः सांस्कृतिक कार्यक्रम कहा जाने लगता है

चूँकि संस्कृति के विशेषताओं का अभिव्यक्ति करने के लिए नृत्य, गान, वादन, इत्यादि श्रव्य-दृश्य माध्यम हो सकते हैं, जो कि महाकवि कालिदास भी अपने मेघदूत खण्ड काव्य में सांस्कृतिक वर्णनो से अछूता नहीं रखा | उन्होंने उज्जैन के महाकाल के मंदिर में 'मेघ' से नगाड़ा बजवाया एवं शिव तथा वेश्याओं से संध्याकालीन नृत्य भी करवाया | वे कहते हैं

कि है! मेघ तुम उज्जैन के महाकाल मंदिर में संध्याकालीन पूजा में सम्मिलित होकर अपने गंभीर गर्जन के माध्यम से नगाड़े का काम करना –

अप्यन्यस्मिञ्जलधर ! महाकालमासाद्य काले

स्थातव्यं ते नयनविषयं यवादत्येति भानुः ।

कुर्वनसंध्याबलिपटहतां शूलिनः श्लाघनीया-

मामान्द्राणां फलमविकलं लप्स्यसे गर्जितानाम्[1] ॥

इससे कालिदास ने यह भी संदेश देना चाहा कि यदि संद्याकालीन पूजा का अवसर प्राप्त हो रहा हो तो पूजा सम्पन्न हो जाने के पश्चात ही कही बाहर निकलना श्रेयस्कर होता है ।

तत्पश्चात उन्होंने महाकाल के मन्दिर में वेश्या-नृत्य की बात कही है जो की पैरो में घुंघरू, करधनी पहनकर तथा हांथ में चँवर लेकर नृत्य करती है –

पादान्यासैः क्वणितरसनास्तत्रलीलावधूतैः

रत्नच्छायाखचितवलिभिश्चामरैः क्लान्तहस्ताः ।

वेश्यास्त्वत्तो नखपदसुखान् प्राप्य वर्षाग्रबिन्दु-

नामोक्ष्यन्ते त्वमि मधुकरश्रेणिदीर्घान्कटाक्षान् ॥[2]

तत्पश्चात कालिदास ने संध्यावंदना के पश्चात् शिव के द्वारा तांडव नृत्य की बात कही है –

पश्चादुच्चैर्भुजतरुवनं मण्डलेनाभिलीनः

साध्यं तेजः प्रतिनवजपापुष्परक्तं दधानः ।

नृत्यारम्भे हर पशुपतेरार्द्रनागाजिनेच्छां

शान्तोद्वेगस्तिमितनयनं दृष्टिभक्तिर्भवान्या[3]॥

कालिदास ने शिव ताण्डव नृत्य से सृष्टि संहार के समय की ओर संकेत किया है । गजासुर को मारकर शिव ने रक्त से सने हुए चर्म को भुजाओं में धारण करते हुए ताण्डव नृत्य किया था । यहां पर यक्ष मेघ से कहता है कि तुम गजासुर की गीली चर्म बनकर शिव की इच्छा पूर्ति करना । यहां पर कालिदास ने शिव एवं शिव के पूजा में भी सांस्कृतिक प्रदर्शन का ही सहारा लिया है ।

इसका एक दुष्परिणाम यह भी है कि अपसंस्कृति के भी प्रसार का यही तरीका है । अतः इसे सांस्कृतिक गतिविधि से अलग करने का कार्य भी एक सचेत एवं सक्रिय सामाजिक व्यवहार की अपेक्षा करता है

भौगोलिक विवेचन

कालिदास ने अपने मेघदूत खण्ड-काव्य में मेघ को दूत बनाकर रामगिरी पर्वत से अलकापुरी तक अपना संदेश भेजने के लिए मेघ को मार्ग बताते हुए पर्वत, पठार, मैदान, नदियों एवं भारत के मौसम एवं जलवायु का वर्णन करते हुए अपने भौगोलिक ज्ञान का अतुलनीय परिचय दिया । उन्होंने पूर्वमेघ में वृहद् भूगोल का बारीकी वर्णन किया है तथा उतरमेघ में अलकापुरी तथा यक्षिणी के सौंदर्य का बड़े ही साहित्यिक ढंग से वर्णन किया है

| इससे यह ज्ञात होता है कि कालिदास को साहित्य के मर्म के साथ-साथ भूगोल का बड़ा अच्छा ज्ञान था |

कालिदास ने अपने पूर्वमेघ में पर्वत, पठार, एवं नदियों का सुचिता पूर्ण वर्णन करके साहित्यकार होने के साथ ही साथ भूगोल का परम ज्ञाता होने का भी एहसास दिलाया | उनकी इस प्रकार के वर्णन से यह ज्ञात होता है कि उन्होंने समूचे उत्तर एवं मध्य भारत का भ्रमण किया है | क्योंकि ऐसा वर्णन कोई प्रत्यक्ष देखी हुई घटनाओं का ही कर सकता है | इससे यह भी ज्ञात होता है कि कालिदास उत्तर में हिमालय से लेकर उत्तराखंड, उत्तरप्रदेश, मध्य प्रदेश, एवं महाराष्ट्र का भ्रमण किया | यहां पर यह भी सिद्ध होता है कि जिस प्रकार से रामायण में वनवास काल में राम और सीता अपने वनवास का समय एक स्थान पर नहीं बिताया होगा वे दण्डयकारण्डय से चित्रकूट एवं वर्तमान नागपुर के रामटेक पर्वत का भ्रमण किए थे | यद्यपि की 'विंध्य पर्वत' से लेकर दक्षिण में 'गोदावरी नदी' तक दण्डयकारण्डय का विस्तार माना जाता है | चित्रकूट में स्थित 'चित्रकूट पर्वत' वर्तमान में 'कामदगिरी पर्वत' की ही एक श्रृंखला दक्षिण में नागपुर तक फैला माना जाता है | जो कि कुछ दिन तक नागपुर में स्थित रामटेक पर्वत (जो कि राम के नाम पर ही पड़ा) पर ही व्यतीत किए होंगे | इसी प्रकार यक्ष ने भी कुबेर से प्राप्त श्राप के पश्चात भ्रमण करता हुआ (माना जाता है की यक्ष के रूप में कालिदास ने स्वंय भ्रमण किया था) रामगिरीपर्वत (वर्तमान जिसे नागपुर में स्थित रामटेक पर्वत के नाम से जाना जाता है) पंहुचा | तब तक कुछ महीने बीत गए होंगे एवं कुछ महीने उन्होंने रामगिरी पर्वत पर बिताया | जहाँ पर वनवास कल में राम और सीता ने अपना निवास स्थान बनाया | उसी राम और सीता के चरण कमलो से पवित्र रामगिरि आश्रम को यक्ष ने अपने बचे हुए श्राप के दिन को काटने के लिए आश्रम बनाया –

कश्चित्कान्ताविरहगुरुणा स्वाधिकारात्प्रमत्तः
शापेनास्तङ्गमित्महिमा वर्षभोग्येण भर्तुः |
यक्षश्चक्रे जनकतनयास्नानपुण्योदकेषु
स्निग्धच्छायातरुषु वसतिं रामगिर्याश्रमेषु[4] ||

यद्यपि की प्रसिद्ध टीकाकार रामगिरी पर्वत को चित्रकूट में होना सिद्ध करते है | लेकिन यह तर्कसंगत नहीं है क्योकि कालिदास मेघदूतम के 14वें श्लोक में मेघ को उत्तर की ओर मुख करके उड़ने को कहा है –

अद्रैः शृङ्गं हरति पवनः किंस्विदित्युन्मुखीभि-
र्दृष्टोत्साहश्चकितचकितं मुग्धसिद्धाङ्गनाभिः |
स्थानादस्मात्सरसनिचुलादुत्पतोदङमुखः खं
दिङ्नागानां पथि परिहरन् स्थूलहस्तावलेपान् ||[5]

और यदि रामगिरि पर्वत को चित्रकूट में होना मान लिया जाएगा तो यदि मेघ उत्तर दिशा में उड़ेगा तो आम्रकूट पर्वत एवं रेवा (नर्मदा नदी) इत्यादि यह सब नहीं मिलेंगी क्योंकि आम्रकूट पर्वत एवं नर्मदा नदी चित्रकूट के दक्षिण में पड़ेगा, इसीलिए यह सिद्ध होता है कि

रामगिरि पर्वत चित्रकूट में नहीं बल्कि नागपुर से 24 मील उत्तर वर्तमान 'रामटेक पर्वत' है | मेघदूत का आरंभ इसी रामगिरि[6] पर होता है | कालिदास ने सीता और राम के निवास से इसी गिरि का पवित्र होना लिखा है |

यदि मल्लिनाथ के मत पर ध्यान दिया जाए-

"जनकतनयास्नानपुण्योदकेषु"[7] तथा "रघुपतिपदैरङ्कितम्"[8] को दृष्टि में रखते हुए यह मानना पड़ेगा कि यह ऐसा कोई पर्वत है जहां वन गमन के समय राम का उससे संबंध रहा हो तथा सीता जी ने वहां स्नान किया हो, चित्रकूट में राम के ठहरने का प्रसंग वाल्मीकि रामायण में मिलता है | देखिए –

मातंगयूथानुसृतपक्षिसंघानुनादितम्

चित्रकूटमिमं पश्य प्रवृद्धशिखरं गिरिम् ||

ततस्तौपादचरेण गच्छन्तौ सह सीतया |

अयं वासो भवेत् तात् वयमत्र वसेमहि ||[9]

टीकाकार मल्लिनाथ की बात तर्कपूर्ण एवं संगत है | राम और सीता अवश्य ही चित्रकूट में निवास किए हैं, लेकिन मेरी यह भी बात अतिशयोक्ति ना होगी कि राम को 14 वर्ष का वनवास मिला था और उन्होंने पूरे दण्यकारण्य में भ्रमण करके राक्षसों का संघार किया था | इससे यह सिद्ध होता है कि राम पूरे 14 वर्ष एक जगह पर निवास करके नहीं बिता सकते, क्योंकि वे उत्तर भारत से दक्षिण/मध्य भारत तक पैदल जाकर राक्षसों का संघार करके पुनः चित्रकूट वापस रहने आना मुश्किल बात है | अतः यह सिद्ध होता है कि 14 वर्ष के वनवास काल में उन्होंने दण्यकारण्य के विभिन्न स्थानों पर अपना निवास बनाया होगा, जिनमें से एक स्थान यह (रामटेक) भी होगा जो चित्रकूट से दक्षिण एवं नागपुर से 24 मील उत्तर मध्यप्रदेश के आसपास किसी पर्वत पर अपना आश्रम बनाया होगा, जो कि उन्हीं के नाम पर 'रामटेक पर्वत' के नाम से विख्यात हो गया |

यह बात अवश्य कही जा सकती है कि चित्रकूट में उन्होंने ज्यादा समय बिताया होगा जिससे वाल्मीकि ने अपने रामायण में अन्य स्थानों को छोड़कर चित्रकूट का ही वृहद वर्णन कर दिया होगा |

वैसे भी यदि भौगोलिक दृष्टि से देखा जाए तो भारत की मानसूनी हवाएं दक्षिण से उत्तर की ओर चलती है | उत्तर में पहुंचने पर हिमालय पर्वत से टकराकर पूर्व से पश्चिम की दिशा में प्रवाहित होते हुए निकल जाती है, अतः कालिदास का 'मेघ' भी दक्षिण से उत्तर भारत की ओर ही चलता है |

अतः कालिदास ने मेघ को इसी मार्ग का अनुसरण कराते हुए दक्षिण में रामगिरि पर्वत से लेकर हिमालय तक के भारत के भूगोल का निम्न वर्गीकरण के तहत वर्णन किया है –

भौगोलिक स्थल

- ## भौगोलिक सामग्री की कठिनाई –

कालिदास के ग्रन्थों से उपलब्ध भौगोलिक सामग्री के अध्ययन में कुछ कठिनाइयाँ है | इनमें मुख्य कालिदास के भूगोल का पारस्परिक रूप है | भौगोलिक अनिश्चयता का स्वाभाविक परिणाम ऐतिहासिक आस्पष्टता है | अनिश्चित तिथिक्रम के कारण भौगोलिक सामग्री को ऐतिहासिक युग में रखना कठिन हो जाता है | इस संबंध में कुछ बाधाएं इस प्रकार से हैं -

देश के विभिन्न भागों में स्थानों, पर्वतों आदि के समान नामों का होना | उदाहरणता कालिदास द्वारा उल्लिखित कोशल बौद्ध सूत्रों में उत्तर प्रदेश माना गया है, पर उसी का उल्लेख दशकुमारचरित[10] में दक्षिण प्रदेश के रूप में हुआ है | इस प्रकार प्राचीन काल का नामकरण आम्रकुट[11] पर्वत को वर्तमान में 'अमरकंटक' पहाड़ी के नाम से जाना जाता है | इसी प्रकार 'रेवा नदी'[12] को 'नर्मदा' नदी के नाम से जाना जाता है |

इन असुविधाओं के अतिरिक्त एक दूसरी असुविधा भूगोल में परंपरागत वर्णों की भी है| जो कालिदास के भारतीय काव्यकारों के ग्रंथों में भरे पड़े हैं | ग्रंथकार के बाद ग्रंथकार, स्थान और जनों के वर्णन में बिना उनके नामों की सत्यता पर विचार किए उनकी प्राचीन नामों का प्रयोग करते जाते हैं | कभी यह विचार नहीं किया जाता कि स्थान विशेष का नाम अदल-बदल गया है या उनकी जनता पहले कि नहीं रही, आदि और इसी प्रकार पूर्व काल की भौगोलिक कल्पनाये पीढ़ी दर पीढ़ी कार्यक्रम में उतरती आती है और जब तक सदियों बाद लाक्षणिक साहित्य में भी अपने लिए स्थान कर लेती है | फिर अन्वेषक इस कारण भी कठिनाइयों में पड़ जाता है कि प्राचीन भूगोल में वास्तविक और काल्पनिक में भी अंतर नहीं डाला जाता | उदाहरणतः 'कैलाश, का दूसरा नाम कुबेरशैल[13] भी है | जिससे वह पर्वत वास्तविक से हटकर विचित्र काल्पनिक देश में जा पहुंचता है | इसी प्रकार सिद्धो, यक्षों[14], किन्नरों[15], अश्वमुखियों, किम्पुरुषों और सरभो के सामान शब्दों के प्रयोग में अपार्थिव और काल्पनिक जन विश्वासो की प्रतिष्ठा पर कठिनाई उत्पन्न कर दी गई | फिर भी आगे के पृष्ठों में कालिदास के ग्रंथों के आधार पर प्राचीन भारत का नक्शा उपस्थित करने का प्रयत्न किया जाएगा | वह प्रयत्न भौगोलिक नामों, पर्वत, नदियों, पेड़-पौधों और अन्य सामग्री की यथासंभव पहचान के रूप में होगा |

भारत के स्थल एवं पर्वतों का वर्णन -

कालिदास ने अपने खंडकाव्य 'मेघदूत' के अतिरिक्त अन्य काव्यो एवं महाकाव्यो में भी विभिन्न पर्वतों एवं पर्वतखंडों का लौकिक वर्णन किया है –

<u>कैलास पर्वत</u> – कैलाश हिमालय की एक पर्वत श्रेणी है |इसकी शालीनता असाधारण है | पर्वतों का यह राजा है | महाभारत[16] और 'ब्रह्मपुराण'[17] में 'कुमायूँ' और 'गढ़वाल' के पर्वतों को भी कैलाश की श्रृंखला का ही भाग मानते हैं | कैलाश शिव और पार्वती का वास-स्थान समझा जाता है | जिसका उल्लेख कवि ने भी किया है[18] | कालिदास ने कैलाश को स्फटिक का बना पर्वत कहा है[19] | उस महाकवि ने उस पर्वत शिखर को निर्मल शाश्वत हिम से मण्डित माना है | कैलाश पर्वत हिमालय के उत्तर में स्थित है | यही शिव और पार्वती का निवास स्थान है | शिव के मित्र कुबेर भी यहीं निवास करते हैं | कालिदास ने यह भी स्वीकारा है कि हिमालय पर स्थित कैलाश पर्वत पर ही मानसरोवर स्थित है | जिसे ब्रह्मा अपने मन से बनाया था | इसलिए इसे मानस या ब्रह्मसर भी कहा जाता है | कालिदास ने कहा था "हे ! मेघ तुम्हारे गर्जन को सुनकर मानसरोवर के लिए उत्सुक कमलनाल के अग्र भाग के टुकड़े को मार्ग का भोजन बनाने वाले राजहंस कैलाश पर्वत तक आकाश में तुम्हारे साथी होंगे[20]|

कर्तुं यच्च प्रभवति महीमुच्छिलीन्ध्रामवन्ध्यां
तच्छ्रुत्वा ते श्रवणसुभगं गर्जितं मन्सोत्का: |
आ कैलासाद् बिसकिसलयच्छेदपाथेयवन्तः
संपत्पस्यन्ते नभसि भवतो राजहंसाः सहाया[21]||

वर्षाकाल से भिन्न समय में मानसरोवर हीम से दूषित हो जाता है और हिम से हंस को रोग लग जाता है | इसलिए वर्षा काल में ही राजहंस मानसरोवर जाते हैं तथा शरद ऋतु के आगमन के साथ ही मैदानो में आ जाते हैं |

<u>रामगिरि पर्वत</u> -

कालिदास ने अपने मेघदूत में 12वे श्लोक में रामगिरि[22] पर्वत का वर्णन किया है | इस श्लोक के माध्यम से कवि ने राम वनवास की कथा की ओर भी संकेत किया है कि रामचंद्र जी वनवास के समय यहां ठहरे थे इसलिए पर्वत के ढलानो पर उनके चरण चिह्न बन गए थे | इस श्लोक के माध्यम से रामगिरि कहाँ है यह जानने में सहायता मिलती है | रामचंद्र जी के चरण चिह्नों का उल्लेख करने का कवि का अभिप्राय पर्वत की महत्ता प्रदर्शित करना है | क्योंकि रामचंद्र जी महान व पूजनीय थे | इस पर्वत पर ठहरे थे, इसलिए उनके संपर्क से पर्वत पूजनीय हो गया |

महाकवि ने मेघदूत में एक ऐसे गिरि की ओर संकेत किया है, जो प्रसंग के विचार से विंध्य श्रृंखला के दक्षिण पड़ता है और जिसे प्रसिद्ध टीकाकर मल्लिनाथ ने 'चित्रकूट' संज्ञा प्रदान की है[23] अब यदि हम मल्लिनाथ का विचार माने तो यह मानना पड़ेगा कि कभी मेघ को पहले चित्रकूट फिर आम्रकूट भेजना चाहता है | इससे चित्रकूट का अमरकंटक के दक्षिण में ही होना प्रमाणित होता है | परंतु मल्लिनाथ का इस गिरि को प्रसिद्ध चित्रकूट

मानना असंगत है | रघुवंश के सर्ग 12 के श्लोक से तात्पर्य यह निकलेगा कि यह पार्वती भाग उस दंडकारण्य में ही पता था जिसका वर्णन चित्रकूट से पहले आया है | दंडकारण्य का विस्तार विन्द्य मेखला के उत्तर से आरंभ होकर दक्षिण में गोदावरी की घाटी में समाप्त होता है | इस प्रकार दंडकारण्य की स्थिति विन्द्य पर्वत के उत्तर दक्षिण दोनों ओर हुई |

अब चूँकि रामचंद्र जी अपने 14 वर्ष के वनवास काल को एक जगह रह कर तो बिताया न होगा अतः वे पूरे दंडकारण्य में भ्रमण कर रहे थे | मध्यप्रदेश में नागपुर से 24 मील उत्तर में एक पर्वत है जिसे वर्तमान में रामटेक[24] पर्वत के नाम से जाना जाता है | इस स्थल का अवलोकन करने से तथा अनेक तर्कों के आधार पर यह माना जा सकता है कि राम सीता के साथ वनवास का कुछ समय यहाँ पर अवश्य बिताया होगा | मेघदूत के प्रथम श्लोक "रामगिर्याश्रमेषु"[25] इसी रामटेक पर्वत की ओर संकेत कर रहा है | अतः रामटेक पर्वत को ही रामगिरि मानना उचित होगा क्योंकि यहीं से जब मेघ उत्तर[26] की ओर जाएगा, तभी उसे आम्रकूट पर्वत मिलेगा | मेघदूत का आरंभ इसी रामगिरि पर्वत पर होता है | कालिदास ने सीता और राम के निवास से उस गिरि का पवित्र होना लिखा है | उस गिरि पर मेघदूत के अनुसार नमेरु वृक्षों (छायातरुओं) की छाया में कभी अनेक आश्रम थे| कालिदास के वर्णन से जान पड़ता है कि रामगिरी के समीपवर्ती निचली भूमि 'निचुल' पौधों से ढकी थी[27] |

आम्रकूट पर्वत -

आम्रकूट[28] नाम वाला पर्वत, इसका यह नाम सार्थक है, क्योंकि इसके आसपास के जंगलों में आम के वृक्ष अधिकता से पाए जाते हैं | यह विंध्याचल पर्वत का पूर्वी भाग है| यहां से नर्मदा नदी निकलती है | 'प्रोफ़ेसर विल्सन' ने इसे आधुनिक 'अमरकंटक' माना है |कालिदास ने मेघ को अपना थकान मिटाने के लिए इस पर्वत पर ठहरने के लिए कहा है और इसकी उचाई को इसकी महानता बतलाया है | कालिदास आम्रकूट की सुंदरता का वर्णन करते हुए इसे पृथ्वी का 'तन' बताया है | भाव यह है कि आम्रकूट पर्वत के पार्श्व भागों में पके हुए वनों के आमो का समूह है | ऊपर उठा हुआ पर्वत अपने पार्श्व भागों में पीले आमो से ढका है | उसकी चोटी पर काला मेघ स्थित होगा तो वह पर्वत देव दम्पत्तियो को पृथ्वी रूपी नायिका का स्तन प्रतीत होगा क्योंकि स्तन भी मध्य में कृष्ण तथा से विस्तृत भाग में गौर वर्ण होता है | वह पर्वत गौर वर्ण वाली तरुणी के स्तन के समान होगा |

अमरकंटक को मध्य प्रदेश के वन प्रदेश की उपमा प्राप्त है | आम, महुआ और साल सहित नाना प्रकार के वृक्ष पर्वत का श्रृंगार करते हैं | अमरकंटक के जंगलों में आम के वृक्ष अधिक होने के कारण प्राचीन ग्रंथों में आम्रकूट के नाम से इस स्थान को जाना जाता है | इस पर्वत का सानिध्य से मानसिक तनाव और शारीरिक थकान दूर हो जाता है | कालीदास का मेघ भी अपना थकान मिटाने के लिए अमरकंटक को ही अपना पड़ाव बनाया था | कालिदास ने लिखा कि है ! मेघ रामगिरि पर्वत पर कुछ देर रुकने के बाद तुम आम्रकूट[29] (अमरकंटक) पर्वत जाकर रुकना | अमरकंटक ऊँचे शिखरो वाला पर्वत है | प्राकृतिक रुप से समृद्ध होने के साथ-साथ अमरकंटक का धार्मिक महत्व भी बहुत अधिक है | पुराणों

में अमरकंटक का महत्व वर्णित है | अमरकंटक के आध्यात्मिक और धार्मिक महत्व को इस बात से समझा जा सकता है कि भगवान शिव ने धरती पर परिवार सहित रहने के लिए कैलाश और काशी के बाद अमरकंटक को चुना है | महादेव शिव की बेटी नर्मदा का उद्गम स्थल भी यहीं है | नर्मदा के साथ ही अमरकंटक, सोणभद्र और जोहिला नदी का उद्गम स्थल भी है | नर्मदा और सोणभद्र के विवाह की कथाएं भी यहां के जनमानस में प्रचलित है यद्यपि की विवाह संपन्न नहीं हो सका था | इसकी अपनी रोचक कहानी है | स्कन्दपुराण में भी अमरकंटक का वर्णन आता है | इस स्कन्दपुराण में कहा गया है कि 'अमर' यानी देवता और 'कट' यानी शरीर | यह पर्वत देवताओं के शरीर से आच्छादित है | इसलिए अमरकंटक कहलाता है | मत्स्यपुराण में अमरकंटक को कुरुक्षेत्र से भी अधिक महत्वपूर्ण और पवित्र माना गया है |

पद्यपुराण में अमरकंटक की महिमा का वर्णन करते हुए देवर्षि नारद महाराज युधिष्ठिर से कहते हैं कि अमरकंटक पर्वत के चारों ओर कोटि रुद्रो की प्रतिष्ठा हुई है | यहाँ स्नान करके पूजा करने से महादेव रुद्र प्रसन्न होते हैं | यहाँ से निकलने वाली रेवा (नर्मदा) नदी को शिव का इतना आशीर्वाद प्राप्त है कि उसकी धारा में पाए जाने वाले शिवलिंग की स्थापना के लिए प्राण प्रतिष्ठा की आवश्यकता नहीं पड़ती | अमरकंटक के संबंध में यह भी मान्यता प्राप्त है कि जो साधू संयासी यहाँ देह त्यागता है, वह सीधे स्वर्ग को प्राप्त होता है |

अमरकंटक (आम्रकूट) का महत्व जीवनदायिनी नर्मदा के बिना अधूरा है | अमरकंटक पर्वत की ऊंचाई समुद्र तल से लगभग 3500 फिट है | कालिदास ने भी मेघदूत में इसकी ऊंचाई[30] को स्वीकारा है

<u>उज्जयिनी</u> -

उज्जैन (उज्जयिनी) <u>भारत</u> के <u>मध्य प्रदेश</u> राज्य का एक प्रमुख शहर है जो <u>क्षिप्रा नदी</u> या शिप्रा नदी के किनारे पर बसा है। यह एक अत्यन्त प्राचीन <u>शहर</u> है। यह महान सम्राट <u>विक्रमादित्य</u> के राज्य की राजधानी थी । सम्राट विक्रमादित्य <u>गर्दभिल्ल</u> वंश के सम्राट थे| उज्जैन को <u>कालिदास</u> की नगरी के नाम से भी जाना जाता है। यहाँ हर १२ वर्ष पर <u>सिंहस्थ</u> महाकुंभ मेला लगता है। भगवान <u>शिव</u> के 12 ज्योतिर्लिंगों में एक <u>महाकाल</u> इस नगरी में स्थित है। उज्जैन मध्य प्रदेश के सबसे बड़े शहर <u>इन्दौर</u> से 45 कि॰मी॰ पर है। उज्जैन के प्राचीन नाम अवन्तिका, उज्जयनी, कनकश्रन्गा आदि है। उज्जैन मंदिरों की नगरी है। यहाँ कई तीर्थ स्थल है। इसकी जनसंख्या 515215 लाख सन २०११ की जनगणना के हिसाब से है। यह मध्य प्रदेश का पाँचवा सबसे बड़ा शहर है। नगर निगम सीमा का क्षेत्रफल 152 वर्ग किलोमीटर है।

महाकवि कालिदास उज्जयिनी के इतिहास प्रसिद्ध सम्राट विक्रमादित्य के दरबार के नवरत्नों में से एक थे। इनको उज्जयिनी अत्यंत प्रिय थी। इसीलिये कालिदास ने उज्जयिनी का अत्यंत ही सुंदर वर्णन किया है। सम्राट विक्रमादित्य ही महाकवि कालिदास के वास्तविक आश्रयदाता के रूप में प्रख्यात है।

महाकवि कालिदास की मालवा के प्रति गहरी आस्था थी। उज्जयिनी में ही उन्होंने अत्यधिक प्रवास-काल व्यतीत किया और यहीं पर कालिदास ने उज्जयिनी के प्राचीन एवं गौरवशाली वैभव को देखा। वैभवशाली अट्टालिकाओं, उदयन, वासवदत्ता की प्रणय गाथा, भगवान महाकाल संध्याकालीन आरती तथा नृत्य करती गौरीगनाओं के सात ही क्षिप्रा नदी का पौराणिक महत्व आदि से भली भांति परिचित होने का अवसर भी प्राप्त किया हुआ जान पड़ता है।

'मेघदूत' में महाकवि कालिदास ने उज्जयिनी का सुंदर वर्णन करते हुए कहा है कि जब स्वर्गीय जीवों को अपने पुण्यक्षीण होने की स्थिति में पृथ्वी पर आना पड़ा। तब उन्होंने विचार किया कि हम अपने साथ स्वर्ग का एक खंड (टुकत्रडा) भी ले चले। वही स्वर्गखंड उज्जयिनी है। आगे महाकवि ने लिखा है कि उज्जयिनी भारत का वह प्रदेश है जहां के वृध्दजन इतिहास प्रसिद्ध आधिपति राजा उदयन की प्रणय गाथा कहने में पूर्ण दक्ष है।

कालिदास के 'मेघदूत' में उज्जयिनी का वैभव आज भले ही विलुप्त हो गया हो परंतु आज भी विश्व में उज्जयिनी का धार्मिक-पौराणिक एवं ऐतिहासिक महत्व के सात ही ज्योतिक्ष क्षेत्र का महत्व भी प्रसिद्ध है। उज्जयिनी भारत की सात पुराण प्रसिद्ध नगरियों में प्रमुख स्थान रखती है। उज्जयिनी में प्रति बारह वर्षों में सिंहस्थ महापर्व का आयोजन होता है। इस अवसर पर देश-विदेश से करोड़ों श्रध्दालु भक्तजन, साधु-संत, महात्मा महामंडलेश्वर एवं अखात्रडा प्रमुख उज्जयिनी में कल्पवास कर मोक्ष प्राप्ति की मंगल कामना करते हैं।

इतिहास- राजनैतिक इतिहास उज्जैन का काफी लम्बा रहा है। उज्जैन के गढ़ क्षेत्र से हुयी खुदाई में आद्यैतिहासिक एवं प्रारंभिक लोहयुगीन सामग्री प्रचुर मात्रा में प्राप्त हुई है। पुराणों व महाभारत में उल्लेख आता है कि वृष्णि-वीर कृष्ण व बलराम यहाँ गुरु सांदीपनी के आश्रम में विद्याप्राप्त करने हेतु आये थे। कृष्ण की एक पत्नी मित्रवृन्दा उज्जैन की ही राजकुमारी थी। उसके दो भाई विन्द एवं अनुविन्द महाभारत युद्ध में कौरवों की और से युद्ध करते हुए वीर गति को प्राप्त हुए थे। ईसा की छठी सदी में उज्जैन में एक अत्यंत प्रतापी राजा हुए जिनका नाम चंड प्रद्योत था। भारत के अन्य शासक उससे भय खाते थे। उसकी दुहिता वासवदत्ता एवं वत्सनरेश उदयन की प्रणय गाथा इतिहास प्रसिद्ध है प्रद्योत वंश के उपरांत उज्जैन मगध साम्राज्य का अंग बन गया।प्रमाणिक इतिहासउज्जयिनी की ऐतिहासिकता का प्रमाण 600 वर्ष पूर्व मिलता है। तत्कालीन समय में भारत में जो सोलह जनपद थे उनमें अवंति जनपद भी एक था। अवंति उत्तर एवं दक्षिण इन दो भागों में विभक्त होकर उत्तरी भाग की राजधानी उज्जैन थी तथा दक्षिण भाग की राजधानी महिष्मति थी। उस समय चंद्रप्रद्योत नामक सम्राट सिंहासनारूढ़ थे। प्रद्योत के वंशजों का उज्जैन पर तीसरी शताब्दी तक प्रभुत्व था।मौर्य सम्राट चन्द्रगुप्त मौर्य यहाँ आए थे। उनके पोते अशोक यहाँ के राज्यपाल रहे थे। उनकी एक भार्या वेदिसा देवी से उन्हें महेंद्र और संघमित्रा जैसी संतान प्राप्त हुई जिसने कालांतर में श्रीलंका में बौद्ध धर्म का प्रचार किया था। मौर्य साम्राज्य

के अभुदय होने पर मगध सम्राट बिन्दुसार के पुत्र अशोक उज्जयिनी के समय नियुक्त हुए। बिन्दुसार की मृत्योपरान्त अशोक ने उज्जयिनी के शासन की बागडोर अपने हाथों में सम्हाली और उज्जयिनी का सर्वांगीण विकास कियां सम्राट अशोकके पश्चात उज्जयिनी ने दीर्घ काल तक अनेक सम्राटों का उतार चढ़ाव देखा।

हिमालय-

हिमालय भारत में स्थित एक प्राचीन पर्वत श्रृंखला है | हिमालय को पर्वतराज भी कहते हैं जिसका अर्थ है पर्वतों का राजा || कालिदास तो हिमालय को पृथ्वी का मानदंड मानते हैं। हिमालय की पर्वतश्रृंखलाएँ शिवालिक कहलाती हैं। सदियों से हिमालय की कन्दराओं (गुफाओं) में ऋषि-मुनियों का वास रहा है और वे यहाँ समाधिस्थ होकर तपस्या करते हैं । हिमालय आध्यात्म चेतना का ध्रुव केंद्र है। उत्तराखंड को श्रेय जाता है इस "हिमालयानाम् नगाधिराजः पर्वतः" का हृदय कहाने का। ईश्वर अपने सारे ऐश्वर्य- खूबसूरती के साथ वहाँ विद्यमान है। 'हिमालय अनेक रत्नों का जन्मदाता है (अनन्तरत्न प्रभवस्य यस्य), उसकी पर्वत-श्रृंखलाओं में जीवन औषधियाँ उत्पन्न होती हैं (भवन्ति यत्रौषधयो रजन्याय तैल पुरत सुरत प्रदीपः), वह पृथ्वी में रहकर भी स्वर्ग है (भूमिर्दिवभि वारूढं)। हिमालय एक पर्वत तन्त्र है जो भारतीय उपमहाद्वीप को मध्य एशिया और तिब्बत से अलग करता है। यह पर्वत तन्त्र मुख्य रूप से तीन समानांतर श्रेणियां- महान हिमालय, मध्य हिमालय और शिवालिक से मिलकर बना है जो पश्चिम से पूर्व की ओर एक चाप की आकृति में लगभग 2400 कि॰मी॰ की लम्बाई में फैली हैं।[31] इस चाप का उभार दक्षिण की ओर अर्थात उत्तरी भारत के मैदान की ओर है और केन्द्र तिब्बत के पठार की ओर है। इन तीन मुख्य श्रेणियों के आलावा चौथी और सबसे उत्तरी श्रेणी को परा हिमालय या ट्रांस हिमालय कहा जाता है जिसमें कराकोरम तथा कैलाश श्रेणियाँ शामिल है। हिमालय पर्वत 7 देशों की सीमाओं में फैला हैं। ये देश हैं- पाकिस्तान,अफगानिस्तान , भारत, नेपाल, भूटान, चीन और म्यांमार।

संसार की अधिकांश ऊँची पर्वत चोटियाँ हिमालय में ही स्थित हैं। विश्व के 100 सर्वोच्च शिखरों में हिमालय की अनेक चोटियाँ हैं। विश्व का सर्वोच्च शिखर माउंट एवरेस्ट हिमालय का ही एक शिखर है। हिमालय में 100 से ज्यादा पर्वत शिखर हैं जो 7200 मीटर से ऊँचे हैं। हिमालय के कुछ प्रमुख शिखरों में सबसे महत्वपूर्ण सागरमाथा हिमाल, अन्नपूर्णा, शिवशंकर, गणेय, लांगतंग, मानसलू, रौलवालिंग, जुगल, गौरीशंकर, कुंभू, धौलागिरी और कंचनजंघा है। हिमालय श्रेणी में 15 हजार से ज्यादा हिमनद हैं जो 12 हजार वर्ग किलोमीटर में फैले हुए हैं। 72 किलोमीटर लंबा सियाचिन हिमनद विश्व का दूसरा सबसे लंबा हिमनद है। हिमालय की कुछ प्रमुख नदियों में शामिल हैं - सिंधु, गंगा, ब्रह्मपुत्र और यांगतेज।

भू-निर्माण के सिद्धांतों के अनुसार यह भारत-आस्ट्रेलिया प्लेटों से एशियाई प्लेट को टकराने से बना है। हिमालय के निर्माण में प्रथम उत्थान 650 लाख वर्ष पूर्व हुआ था और मध्य हिमालय का उत्थान 450 लाख वर्ष पूर्व[32]

हिमालय में कुछ महत्त्वपूर्ण धार्मिक स्थल भी है। इनमें हरिद्वार, बद्रीनाथ, केदारनाथ, गोमुख, देव प्रयाग, ऋषिकेश, कैलाश, मानसरोवर तथा अमरनाथ,शाकम्भरी प्रमुख हैं। कालिदास ने मेघदूत में हिमालय का वर्णन इस प्रकार से किया है-

ये संरम्भोत्पतनरभसाः स्वाङ्गभङ्गाय तस्मि-
न्मुक्ताध्वानं सपदि शरभा लङ्घयेयुर्भवन्तम्।
तान्कुर्वीथास्तुमुलकरकावृष्टिपातावकीर्णान्
के वा न स्युः परिभवपदं निष्फलारम्भयत्ना।।[33]

भारतीय ग्रंथ गीता में भी इसका उल्लेख मिलता है (गीता:10.25)।

एक अन्य श्लोक के माध्यम से हिमालय में आग लगने की भी बात उभर कर सामने आती है –

तं चेद्वायौ सरति सरलस्कन्धसंघट्टजन्मा
बाधेतोल्काक्षपितचमरीबालभारो दवाग्निः।
अर्हस्येनं शतयितुलं वारिधारासहस्रै-
रापन्नार्तिप्रशमनफलाः संपदो ह्युत्तमानाम्।।[34]

हिमालय का निर्माण- जहाँ आज हिमालय है वहां कभी टेथिस नाम का सागर लहराता था। यह एक लम्बा और उथला सागर था। यह दो विशाल भू - खन्डो से घिरा हुआ था। इसके उत्तर में अंगारालैन्ड और दक्षिण में गोन्डवानालैन्ड नाम के दो भू - खन्ड थे । लाखों वर्षों इन दोनों भू - खन्डो का अपरदन होता रहा और अपरदित पदार्थ (मिट्टी, कन्कड, बजरी, गाद आदि) टेथिस सागर में जमा होने लगे । ये दो विशाल भू - खन्ड एक - दुसरे की ओर खिसकते भी रहे। दो विरोधी दिशाओं में पड़ने वाले दबाव के कारण सागर में जमी मिट्टी आदि की परतो में मोड़ (वलय) पड़ने लगे। ये वलय द्वीपों की एक श्रृंखला के रूप में पानी की सतह् से ऊपर आ गए। यह क्रिया निरंतर चलती रही और कलान्तर में विशाल वलित पर्वत श्रेणियो के निर्माण हुआ जिन्हे आज हम हिमालय के नाम से जाना जाता हैं।

गंगा-

गंगा भारत की सबसे महत्त्वपूर्ण नदी है। यह भारत और बांग्लादेश में कुल मिलाकर 2525 किलोमीटर (कि.मी.) की दूरी तय करती हुई उत्तराखंड में हिमालय से लेकर बंगाल की खाड़ी के सुन्दरवन तक विशाल भू-भाग को सींचती है। देश की प्राकृतिक सम्पदा ही नहीं, जन-जन की भावनात्मक आस्था का आधार भी है। 2,071 कि.मी. तक भारत तथा उसके बाद बांग्लादेश में अपनी लंबी यात्रा करते हुए यह सहायक नदियों के साथ दस लाख वर्ग किलोमीटर क्षेत्रफल के अति विशाल उपजाउ मैदान की रचना करती है। भारत की सबसे बड़ी उत्तरायण गंगा बिहार के भागलपुर से होते हुए कटिहार ज़िले में प्रवेस करती है।भारत की सबसे बड़ी उत्तरायण गंगा का संगम त्रिमोहिनी संगम है। सामाजिक, साहित्यिक, सांस्कृतिक और आर्थिक दृष्टि से अत्यंत महत्त्वपूर्ण गंगा का यह मैदान अपनी घनी जनसंख्या के कारण भी जाना जाता है। 100 फीट (31 मी.) की अधिकतम गहराई

वाली यह नदी भारत में पवित्र नदी भी मानी जाती है तथा इसकी उपासना माँ तथा देवी के रूप में की जाती है।कालिदास ने अपने मेघदूत में गंगा का वर्णन इस प्रकार करते है-

वे मेघ से कहते है कि वहाँ से आगे कनखल में शैलराज हिमवन्त से नीचे उतरती हुई गंगा जी के समीप जाना, जो सगर के पुत्रों का उद्धार करने के लिए स्वर्ग तक लगी हुई सीढ़ी की भाँति हैं। पार्वती के भौंहें ताने हुए मुँह की ओर अपने फेनों की मुसकान फेंककर वे गंगा जी अपने तरंगरूपी हाथों से चन्द्रमा के साथ अठखेलियाँ करती हुई शिव के केश पकड़े हुए हैं-

तस्माद्गच्छेरनुकनखलं शैलराजावतीर्णा

जह्नो: कन्यां सगरतनयस्वर्गसोपानपङ्क्तिम्।

गौरीवक्त्रभृकुटिरचनां या विहस्येव फेनै:

शंभो: केशग्रहणमकरोदिन्दुलग्नोर्मिहस्ता।।

भारतीय पुराण और साहित्य में अपने सौंदर्य और महत्त्व के कारण बार-बार आदर के साथ वंदित गंगा नदी के प्रति विदेशी साहित्य में भी प्रशंसा और भावुकतापूर्ण वर्णन किये गये हैं।

इस नदी में मछलियों तथा सर्पों की अनेक प्रजातियाँ तो पायी जाती ही हैं, तथा मीठे पानी वाले दुर्लभ डॉलफिन भी पाये जाते हैं। यह कृषि, पर्यटन, साहसिक खेलों तथा उद्योगों के विकास में महत्त्वपूर्ण योगदान देती है तथा अपने तट पर बसे शहरों की जलापूर्ति भी करती है। इसके तट पर विकसित धार्मिक स्थल और तीर्थ भारतीय सामाजिक व्यवस्था के विशेष अंग हैं। इसके ऊपर बने पुल, बांध और नदी परियोजनाएँ भारत की बिजली, पानी और कृषि से सम्बन्धित जरूरतों को पूरा करती हैं। वैज्ञानिक मानते हैं कि इस नदी के जल में बैक्टीरियोफेज नामक विषाणु होते हैं, जो जीवाणुओं व अन्य हानिकारक सूक्ष्मजीवों को जीवित नहीं रहने देते हैं। गंगा की इस अनुपम शुद्धीकरण क्षमता तथा सामाजिक श्रद्धा के बावजूद इसको प्रदूषित होने से रोका नहीं जा सका है। फिर भी इसके प्रयत्न जारी हैं और सफ़ाई की अनेक परियोजनाओं के क्रम में नवम्बर,2008 में भारत सरकार द्वारा इसे भारत की राष्ट्रीय नदी तथा प्रयाग (प्रयागराज) और हल्दिया के बीच (1600 किलोमीटर) गंगा नदी जलमार्ग को राष्ट्रीय जलमार्ग घोषित किया है।[35]

<u>कैलाश पर्वत-</u>

तिब्बत में स्थित एक पर्वत श्रेणी है। इसके पश्चिम तथा दक्षिण में मानसरोवर तथा राक्षसताल झील हैं। यहां से कई महत्वपूर्ण नदियां निकलती हैं - ब्रह्मपुत्र, सिन्धु, सतलुज इत्यादि। हिन्दू सनातन धर्म में इसे पवित्र माना गया है।

इस तीर्थ को अस्टापद, गणपर्वत और रजतगिरि भी कहते हैं। कैलाश के बर्फ से आच्छादित 6,638 मीटर (21,778 फुट) ऊँचे शिखर और उससे लगे मानसरोवर का यह तीर्थ है। और इस प्रदेश को मानसखंड कहते हैं। पौराणिक कथाओं के अनुसार भगवान ऋषभदेव ने यहीं निर्वाण प्राप्त किया। श्री भरतेश्वर स्वामी मंगलेश्वर श्री ऋषभदेव भगवान

के पुत्र भरत ने दिग्विजय के समय इसपर विजय प्राप्त की। पांडवों के दिग्विजय प्रयास के समय अर्जुन ने इस प्रदेश पर विजय प्राप्त किया था। युधिष्ठिर के राजसूय यज्ञ में इस प्रदेश के राजा ने उत्तम घोड़े, सोना, रत्न और याक के पूँछ के बने काले और सफेद चामर भेंट किए थे। इनके अतिरिक्त अन्य अनेक ऋषि मुनियों के यहाँ निवास करने का उल्लेख प्राप्त होता है।[36]

जैन धर्म में इस स्थान का बहुत महत्व है। इसी पर्वत पर श्री भरत स्वामी ने रत्नों के 72 जिनालय बनवाये थे

कैलाश पर्वतमाला कश्मीर से लेकर भूटान तक फैली हुई है और ल्हा चू और झोंग चू के बीच कैलाश पर्वत है जिसके उत्तरी शिखर का नाम कैलाश है। इस शिखर की आकृति विराट् शिवलिंग की तरह है। पर्वतों से बने षोडशदल कमल के मध्य यह स्थित है। यह सदैव बर्फ से आच्छादित रहता है। इसकी परिक्रमा का महत्व कहा गया है। तिब्बती (लामा) लोग कैलाश मानसरोवर की तीन अथवा तेरह परिक्रमा का महत्व मानते हैं और अनेक यात्री दंड प्रणिपात करने से एक जन्म का, दस परिक्रमा करने से एक कल्प का पाप नष्ट हो जाता है। जो 108 परिक्रमा पूरी करते हैं उन्हें जन्म-मरण से मुक्ति मिल जाती है।

कालिदास मेघ से कैलाश पर्वत का वर्णन करते हुए कहते है कि हे मेघ वहाँ से आगे बढ़कर कैलास पर्वत के अतिथि होना जो अपनी शुभ्रता के कारण देवांगणनाओं के लिए दर्पण के समान है। उसकी धारों के जोड़ रावण की भुजाओं से झड़झड़ाए जाने के कारण ढीले पड़ गए हैं। वह कुमुद के पुष्प जैसी श्वेत बर्फीली चोटियों की ऊँचाई से आकाश को छाए हुए ऐसे खड़ा है मानो शिव के प्रतिदिन के अट्टहास का ढेर लग गया है-

गत्वा चोर्ध्वं दशमुखभुजोच्छ्वासितप्रस्थसंधेः
कैलासस्य त्रिदशवनितादर्पणस्यातिथिः स्याः।
श्रृङ्गोच्छ्रायैः कुमुदविशदैर्या विततय स्थितः खं
राशीभूतः प्रतिदिनमिव त्र्यम्बकस्याट्टहासः।।[37]

कैलाश-मानसरोवर जाने के अनेक मार्ग हैं किंतु उत्तराखंड के पिथौरागढ़ जिले के अस्कोट, धारचूला, खेत, गब्र्याग,कालापानी, लिपूलेख, खिंड, तकलाकोट होकर जानेवाला मार्ग अपेक्षाकृत सुगम है। यह भाग 544 किमी (338 मील) लंबा है और इसमें अनेक चढ़ाव उतार है। जाते समय सरलकोट तक 70 किमी (44 मील) की चढ़ाई है, उसके आगे 74 किमी (46 मील) उतराई है। मार्ग में अनेक धर्मशाला और आश्रम है जहाँ यात्रियों को ठहरने की सुविधा प्राप्त है। गर्विअंग में आगे की यात्रा के निमित्त याक, खच्चर, कुली आदि मिलते हैं। तकलाकोट तिब्बत स्थित पहला ग्राम है जहाँ प्रति वर्ष ज्येष्ठ से कार्तिक तक बड़ा बाजार लगता है तकलाकोट से तारचेन जाने के मार्ग में मानसरोवर पड़ता है।

कैलाश की परिक्रमा तारचेन से आरंभ होकर वहीं समाप्त होती है। तकलाकोट से 40 किमी (25 मील) पर मंधाता पर्वत स्थित गुर्ल्ला का दर्रा 4,938 मीटर (16,200 फुट) की ऊँचाई पर है। इसके मध्य में पहले बाइं ओर मानसरोवर और दाइं ओर राक्षस ताल है। उत्तर

की ओर दूर तक कैलाश पर्वत के हिमाच्छादित धवल शिखर का रमणीय दृश्य दिखाई पड़ता है। दर्रा समाप्त होने पर तीर्थपुरी नामक स्थान है जहाँ गर्म पानी के झरने हैं। इन झरनों के आसपास चूनखड़ी के टीले हैं। प्रवाद है कि यहीं भस्मासुर ने तप किया और यहीं वह भस्म भी हुआ था। इसके आगे डोलमाला और देवीखिंड ऊँचे स्थान है, उनकी ऊँचाई 5,630 मीटर (18,471 फुट) है। इसके निकट ही गौरीकुंड है। मार्ग में स्थान स्थान पर तिब्बती लामाओं के मठ हैं।

यात्रा में सामान्यत: दो मास लगते हैं और बरसात आरंभ होने से पूर्व ज्येष्ठ मास के अंत तक यात्री अल्मोड़ा लौट आते हैं। इस प्रदेश में एक सुवासित वनस्पति होती है जिसे कैलास धूप कहते हैं। लोग उसे प्रसाद स्वरूप लाते हैं।

कैलाश पर्वत को भगवान शिव का घर कहा गया है। वहाँ बर्फ ही बर्फ में भोले नाथ शंभू अंजान (ब्रह्म) तप में लीन शालीनता से, शांत ,निश्चल ,अघोर धारण किये हुऐ एकंत तप में लीन है।। धर्म व शास्त्रों में उनका वर्णन प्रमाण है

मानसरोवर-

मानसरोवर तिब्बत में स्थित एक झील है, यह झील लगभग 320 वर्ग किलोमाटर के क्षेत्र में फैला हुआ है। इसके उत्तर में कैलाश पर्वत तथा पश्चिम में राक्षसताल है। यह समुद्रतल से लगभग 4556 मीटर की ऊंचाई पर स्थित है। इसकी परिमिति लगभग 88 किलोमीटर है और औसत गहराई 90 मीटर।[38]हिन्दू धर्म में इसे पवित्र माना गया है। इसके दर्शन के लिए हज़ारों लोग प्रतिवर्ष कैलाश मानसरोवर यात्रा में भाग लेते है। हिन्दू विचारधारा के अनुसार यह झील सर्वप्रथम भगवान ब्रह्मा के मन में उत्पन्न हुआ था। संस्कृत शब्द मानसरोवर, मानस तथा सरोवर को मिल कर बना है जिसका शाब्दिक अर्थ होता है - *मन का सरोवर*। यहां देवी सती के शरीर का दांया हाथ गिरा था। इसलिए यहां एक पाषाण शिला को उसका रूप मानकर पूजा जाता है। यहां शक्तिपीठ है। कहा यह भी जाता है कि पुराणो में जिस क्षीर सागर का वर्णन किया गया है कि क्षीर सागर में श्री विष्णु भगवान रहते हैं,वो यही है!

बौद्ध धर्म में भी इसे पवित्र माना गया है। एसा कहा जाता है कि रानी माया को भगवान बुद्ध की पहचान यहीं हुई थी।

कालिदास मेघदूत में कैलाश पर्वत पर स्थित मानसरोवर का वर्णन करते हुए कहते है कि हे मेघ, अपने मित्र कैलास पर नाना भाँति की ललित क्रीड़ाओं से मन बहलाना। कभी सुनहरे कमलों से भरा हुआ मानसरोवर का जल पीना; कभी इन्द्र के अनुचर अपने सखा ऐरावत के मुँह पर क्षण-भर के लिए कपड़ा-सा झाँपकर उसे प्रसन्न करना; और कभी कल्पवृक्ष के पत्तों को अपनी हवाओं से ऐसे झकझोरना जैसे हाथों में रेशमी महीन दुपट्टा लेकर नृत्य के समय करते हैं-

हेमाम्भोजप्रसवि सलिलं मानसस्याददान:
कुर्वन्कामं क्षणमुखपटप्रीतिमैरावतस्य।

धुन्वन्कल्पद्रुमकिसलयान्यंशुकानीव वातै-
नानाचेष्टैर्जलद! ललितैर्निर्विशे तं नगेन्द्रम्।।[39]

<u>सरस्वती</u> –

सरस्वती एक पौराणिक नदी जिसकी चर्चा <u>वेदों</u> में भी है। इसे प्लाक्ष्वती,वेदस्मृति, वेदवती भी कहते है! ऋग्वेदमें सरस्वती का अन्नवती तथा उदकवती के रूप में वर्णन आया है। यह नदी सर्वदा जल से भरी रहती थी और इसके किनारे अन्न की प्रचुर उत्पत्ति होती थी। कहते हैं, यह नदी <u>पंजाब</u> में <u>सिरमूरराज्य</u> के पर्वतीय भागसे निकलकर <u>अंबाला</u> तथा <u>कुरुक्षेत्र,कैथल</u> होती हुई <u>पटियाला</u> राज्य में प्रविष्ट होकर <u>सिरसा</u> जिले की दृशद्वती (कांगार) नदी में मिल गई थी। प्राचीन काल में इस सम्मिलित नदी ने <u>राजपूताना</u> के अनेक स्थलों को जलसिक्त कर दिया था। यह भी कहा जाता है कि <u>प्रयाग</u> के निकट तक आकर यह <u>गंगा</u> तथा <u>यमुना</u> में मिलकर <u>त्रिवेणी</u> बन गई थी। कालांतर में यह इन सब स्थानों से विलुप्त हो गई, फिर भी लोगों की धारणा है कि प्रयाग में वह अब भी विलुप्तप्राय होकर बहती है। <u>मनुसंहिता</u> से स्पष्ट है कि सरस्वती और दृषद्वती के बीच का भूभाग ही <u>ब्रह्मावर्त</u> कहलाता था।

कालिदास ने अपने पूर्वमेघ के ५२वे श्लोक में सरस्वती नदी को बलराम की पत्नी के नेत्र की उपमा देते हुए वर्णन किया है-

हित्वा हालामभिमतरसां रेवतीलोचनाङ्का
बन्धुप्रीत्या समरविमुखो लाग्ङली या: सिषेवे।
कृत्वा तासामभिगममपां सौम्य! सारस्वतीना-
मन्त: शुद्धस्त्वमपि भविता वर्णमात्रेण कृष्ण:।।[40]

सरस्वती नदी पौराणिक हिन्दू ग्रन्थों तथा <u>ऋग्वेद</u> में वर्णित मुख्य नदियों में से एक है। <u>ऋग्वेद</u> के नदी सूक्त के एक मंत्र (१०.७५) में सरस्वती नदी को 'यमुना के पूर्व' और 'सतलुज के पश्चिम' में बहती हुई बताया गया है उत्तर वैदिक ग्रंथों, जैसे ताण्डय और जैमिनीय ब्राह्मण में सरस्वती नदी को मरुस्थल में सूखा हुआ बताया गया है, <u>महाभारतमें</u> भी सरस्वती नदी के <u>मरुस्थल</u> में 'विनाशन' नामक जगह पर विलुप्त होने का वर्णन आता है। <u>महाभारत</u> में सरस्वती नदी के प्लक्षवती नदी, वेदस्मृति, वेदवती आदि कई नाम हैं।[41]

<u>ऋग्वेद</u> तथा अन्य पौराणिक वैदिक ग्रंथों में दिये सरस्वती नदी के सन्दर्भों के आधार पर कई भू-विज्ञानी मानते हैं कि <u>हरियाणा</u> से <u>राजस्थान</u> होकर बहने वाली मौजूदा सूखी हुई घग्घर-हकरा नदी प्राचीन वैदिक सरस्वती नदी की एक मुख्य सहायक नदी थी, जो ५०००-३००० ईसा पूर्व पूरे प्रवाह से बहती थी। उस समय <u>सतलुज</u> तथा <u>यमुना</u> की कुछ धाराएं सरस्वती नदी में आ कर मिलती थीं। इसके अतिरिक्त दो अन्य लुप्त हुई नदियाँ दृष्टावदी और हिरण्यवती भी सरस्वती की सहायक नदियां थीं, लगभग १९०० ईसा पूर्व तक भूगर्भी बदलाव की वजह से <u>यमुना</u>, <u>सतलुज</u> ने अपना रास्ता बदल दिया तथा दृष्टावदी नदी के २६०० ईसा पूर्व सूख जाने के कारण सरस्वती नदी भी लुप्त हो गयी। ऋग्वेद में सरस्वती

नदी को नदीतमा की उपाधि दी गयी है। वैदिक सभ्यता में सरस्वती ही सबसे बड़ी और मुख्य नदी थी। इसरो द्वारा किये गये शोध से पता चला है कि आज भी यह नदी हरियाणा, पंजाब और राजस्थान से होती हुई भूमिगत रूप में प्रवाहमान है।

सरस्वती एक विशाल नदी थी। पहाड़ों को तोड़ती हुई निकलती थी और मैदानों से होती हुई अरब सागर में जाकर विलीन हो जाती थी। इसका वर्णन ऋग्वेद में बार-बार आता है। कई मंडलों में इसका वर्णन है। ऋग्वेद वैदिक काल में इसमें हमेशा जल रहता था। सरस्वती आज की गंगा की तरह उस समय की विशालतम नदियों में से एक थी। उत्तर वैदिक काल और महाभारत काल में यह नदी बहुत कुछ सूख चुकी थी। तब सरस्वती नदी में पानी बहुत कम था। लेकिन बरसात के मौसम में इसमें पानी आ जाता था। भूगर्भी बदलाव की वजह से सरस्वती नदी का पानी गंगा में चला गया, कई विद्वान मानते हैं कि इसी वजह से गंगा के पानी की महिमा हुई, भूचाल आने के कारण जब जमीन ऊपर उठी तो सरस्वती का पानी यमुना में गिर गया। इसलिए यमुना में सरस्वती का जल भी प्रवाहित होने लगा। सिर्फ इसीलिए प्रयाग में तीन नदियों का संगम माना गया, जबकि यथार्थ में वहां तीन नदियों का संगम नहीं है। वहां केवल दो नदियां हैं। सरस्वती कभी भी प्रयागराज तक नहीं पहुंची।

ऋग्वेद के बाद के वैदिक साहित्य में सरस्वती नदी के विलुप्त होने का उल्लेख आता है, इसके अतिरिक्त सरस्वती नदी के उद्गम स्थल की 'प्लक्ष प्रस्रवन' के रूप में पहचान की गयी है, जो यमुनोत्री के पास ही अवस्थित है।

यजुर्वेद

यजुर्वेद की वाजस्नेयी संहिता ३४.११ में कहा गया है कि पांच नदियाँ अपने पूरे प्रवाह के साथ सरस्वती नदी में प्रविष्ट होती हैं, ये पांच नदियाँ पंजाब की सतलुज, रावी, व्यास, चेनाव और दृष्टावती हो सकती हैं। वी. एस वाकणकर के अनुसार पांचों नदियों के संगम के सूखे हुए अवशेष राजस्थान के बाड़मेर या जैसलमेर के निकट पंचभद्र तीर्थ पर देखे जा सकते है।[42]

रामायण

वाल्मीकि रामायण में भरत के कैकय देश से अयोध्या आने के प्रसंग में सरस्वती और गंगा को पार करने का वर्णन है- 'सरस्वतीं च गंगा च युग्मेन प्रतिपद्य च, उत्तरान् वीरमत्स्यानां भारूण्डं प्राविशद्वनम्'[43] सरस्वती नदी के तटवर्ती सभी तीर्थों का वर्णन महाभारत में शल्यपर्व के 35 वें से 54 वें अध्याय तक सविस्तार दिया गया है। इन स्थानों की यात्रा बलराम ने की थी। जिस स्थान पर मरूभूमि में सरस्वती लुप्त हो गई थी उसे 'विनशन' कहते थे।

महाभारत

महाभारत में तो सरस्वती नदी का उल्लेख कई बार किया गया है। सबसे पहले तो यह बताया गया है कि कई राजाओं ने इसके तट के समीप कई यज्ञ किये थे।[44] वर्तमान सूखी हुई सरस्वती नदी के समान्तर खुदाई में ५५००-४००० वर्ष पुराने शहर मिले हैं जिन में पीलीबंगा, कालीबंगा और लोथल भी हैं। यहाँ कई यज्ञ कुण्डों के अवशेष भी मिले हैं, जो

महाभारत में वर्णित तथ्य को प्रमाणित करते हैं।

महाभारत में यह भी वर्णन आता है कि निषादों और मलेच्छों से द्वेष होने के कारण सरस्वती नदी ने इनके प्रदेशों मे जाना बंद कर दिया जो इसके सूखने की प्रथम अवस्था को दर्शाती है। साथ ही यह भी वर्णन मिलता है कि सरस्वती नदी मरुस्थल में विनाशन नामक स्थान पर लुप्त हो कर किसी स्थान पर फिर प्रकट होती है। महाभारत में वर्णन आता है कि ऋषि वसिष्ठ सतलुज में डूब कर आत्महत्या का प्रयास करते हैं जिससे नदी १०० धाराओं में टूट जाती है। यह तथ्य सतलुज नदी के अपने पुराने मार्ग को बदलने की घटना को प्रमाणित करता है, क्योंकि प्राचीन वैदिक काल में सतलुज नदी सरस्वती में ही जा कर अपना प्रवाह छोड़ती थी।[45]

बलराम जी द्वारा इसके तट के समान्तर प्लक्ष पेड़ (प्लक्षप्रस्त्रवण, यमुनोत्री के पास) से प्रभास क्षेत्र (वर्तमान कच्छ का रण) तक की गयी तीर्थयात्रा का वर्णन भी महाभारत में आता है।[46] महाभारत के अनुसार कुरुक्षेत्र तीर्थ सरस्वती नदी के दक्षिण और दृष्टावती नदी के उत्तर में स्थित है।[47]

श्रीमद्भागवत "श्रीमद् भागवत (5,19,18)" में यमुना तथा दृषद्वती के साथ सरस्वती का उल्लेख है।"मंदाकिनीयमुनासरस्वतीदृषद्वदी गोमतीसरयु" सरस्वती का नाम कालांतर में इतना प्रसिद्ध हुआ कि भारत की अनेक नदियों को इसी के नाम पर 'सरस्वती' कहा जाने लगा। पारसियों के धर्मग्रंथ अवेस्ता में भी सरस्वती का नाम हरहवती मिलता है।

महाभारत में मिले वर्णन के अनुसार सरस्वती नदी हरियाणा में यमुनानगर से थोड़ा ऊपर और शिवालिक पहाड़ियों से थोड़ा सा नीचे आदिबद्री नामक स्थान से निकलती थी। आज भी लोग इस स्थान को तीर्थस्थल के रूप में मानते हैं और वहां जाते हैं। किन्तु आज आदिबद्री नामक स्थान से बहने वाली नदी बहुत दूर तक नहीं जाती एक पतली धारा की तरह जगह-जगह दिखाई देने वाली इस नदी को ही लोग सरस्वती कह देते हैं। वैदिक और महाभारत कालीन वर्णन के अनुसार इसी नदी के किनारे ब्रह्मावर्त था, कुरुक्षेत्र था, लेकिन आज वहां जलाशय हैं। जब नदी सूखती है तो जहां-जहां पानी गहरा होता है, वहां-वहां तालाब या झीलें रह जाती हैं और ये तालाब और झीलें अर्द्धचन्द्राकार शक्ल में पायी जाती हैं। आज भी कुरुक्षेत्र में ब्रह्मसरोवर या पेहवा में इस प्रकार के अर्द्धचन्द्राकार सरोवर देखने को मिलते हैं, लेकिन ये भी सूख गए हैं। लेकिन ये सरोवर प्रमाण हैं कि उस स्थान पर कभी कोई विशाल नदी बहती रही थी और उसके सूखने के बाद वहां विशाल झीलें बन गयीं। भारतीय पुरातत्व परिषद् के अनुसार सरस्वती का उद्गम उत्तरांचल में रूपण नाम के हिमनद (ग्लेशियर) से होता था। रूपण ग्लेशियर को अब सरस्वती ग्लेशियर भी कहा जाने लगा है। नैतवार में आकर यह हिमनद जल में परिवर्तित हो जाता था, फिर जलधार के रूप में आदिबद्री तक सरस्वती बहकर आती थी और आगे चली जाती थी।

वैज्ञानिक और भूगर्भीय खोजों से पता चला है कि किसी समय इस क्षेत्र में भीषण भूकम्प आए, जिसके कारण जमीन के नीचे के पहाड़ ऊपर उठ गए और सरस्वती नदी का जल

पीछे की ओर चला गया। वैदिक काल में एक और नदी दृषद्वती का वर्णन भी आता हैं। यह सरस्वती नदी की सहायक नदी थी। यह भी हरियाणा से हो कर बहती थी। कालांतर में जब भीषण भूकम्प आए और हरियाणा तथा राजस्थान की धरती के नीचे पहाड़ ऊपर उठे, तो नदियों के बहाव की दिशा बदल गई। दृषद्वती नदी, जो सरस्वती नदी की सहायक नदी थी, उत्तर और पूर्व की ओर बहने लगी। इसी दृषद्वती को अब यमुना कहा जाता है, इसका इतिहास 4,000 वर्ष पूर्व माना जाता है। यमुना पहले चम्बल की सहायक नदी थी। बहुत बाद में यह प्रयागराज में गंगा से जाकर मिली। यही वह काल था जब सरस्वती का जल भी यमुना में मिल गया। ऋग्वेद काल में सरस्वती समुद्र में गिरती थी। जैसा ऊपर भी कहा जा चुका है, प्रयाग में सरस्वती कभी नहीं पहुंची। भूचाल आने के कारण जब जमीन ऊपर उठी तो सरस्वती का पानी यमुना में गिर गया। इसलिए यमुना में यमुना के साथ सरस्वती का जल भी प्रवाहित होने लगा। सिर्फ इसीलिए प्रयाग में तीन नदियों का संगम माना गया जबकि भूगर्भीय यथार्थ में वहां तीन नदियों का संगम नहीं है। वहां केवल दो नदियां हैं। सरस्वती कभी भी प्रयागराज तक नहीं पहुंची।

<u>मेघदूत में वनस्पतियों का वर्णन-</u>

चूकि कालिदास प्रकृति के सूक्ष्म द्रष्टा है, प्रकृति के प्रवीण चितेरी। उन्होंने अपने ग्रंथो में वन और पुष्पों का अद्वतीय वर्णन किया है। कालिदास की प्रवृत्ति भी जीवन के स्पंदन के समान सजीव प्रतीति होती है और नित्य मनुष्य को नवीन शक्ति प्रदान करती है। संभवत: संसार में कोई हि ऐसा व्यक्ति होगा, जिसने सजीव प्रकृति का इतना पूर्ण एवं सूच्म अध्ययन किया हो, जितना की कालिदास ने किया है उनमे 'मानव हृदय का कवि' और 'प्राकृतिक सौन्दर्य का कवि' ये दोनो गुण एक साथ विद्यमान है।

कालिदास ने अपने काव्यो में अन्त: एवं बाहय प्रकृति दोनो का हि सुन्दर वर्णन किया है, साथ हि साथ प्रकृति को आलम्बन, उद्दीपन, एवं मानवीयकरण आदि रूपों में चित्रित किया है प्रतिभा के विकास के साथ-साथ कालिदास की प्रकृति वर्णन में भी विकास हुआ है ऋतुसंहार उनकी प्रथम रचना है, जैसा कि इनके नाम से स्पष्ट है, कि इसे उन्होंने प्रकृति को समर्पित कर दी है इसमें उन्होंने प्रकृति के ही एक अंग ऋतु का वर्णन अपनी प्रिया को संबोधित करते हुए किया है यह युवा कवि की रचना है, यहाँ उन्होंने प्रकृति को आलंबन रूप में कम और दीपक रूप में अधिक प्रयोग किया है, इसमें जहां एक ओर ग्रीष्म की प्रसन्नता का वर्णन है वहीं दूसरी ओर बसंत की सारस्वत झांकी प्रस्तुत की गई है और ऐसे में प्रकृति को आलम्बन रूप में चित्रित किया गया है।

कालिदास ने प्रकृति को अनेक रूपों में चित्रित किया है उनके अनुसार प्रकृति मानव कि निरंतर सहचरी तथा उसके स्वस्थ, सरस एवं मौलिक जीवन के लिए अपरिहार्य है। यद्यपि

कि कालिदास को प्रकृति का कोमल रूप ही अधिक प्रिय रहा है, फिर भी उनको इस क्षेत्र तक ही सीमित रखना उनके साथ अन्याय होगा, अत: उन्हें प्रकृति का प्रिय कवि कहा जाए तो असंगत ना होगा| कालिदास के प्रकृति चिंतन में मेघदूत में आए हुए वनस्पतियों का वर्णन मिलता है|

୬୬

[1] पू० में० – श्लोक – 38 पृ० – 79 |

[2] पू० में० – श्लोक – 39 पृ० – 81 |

[3] पू० में० – श्लोक – 40 पृ० – 83 |

[4] पू० में० – श्लोक – 1 |

[5] पू० में० – श्लोक – 14 |

[6] रामगिर्याश्रमेषु० – पू० में० – श्लोक – 1 |

[7] पू० में० – श्लोक – 1 |

[8] पू० में० – श्लोक – 12 |

[9] वा० रा०, अयोध्या काण्ड /95/12-14 |

[10] वही० |

[11] पू० में० |

[12] पू० में० |

[13] कुमारसम्भव , 7.30 / एकपिंगलगिरौ, वही,8.24 |

[14] कु० 6.39 , पू० में० 1.5 |

[15] उ० में० 8 |

[16] महा०, वनपर्व, अध्याय – 144,156 |

[17] अ० 51 |

[18] पू० में० 52,58,60, |

[19] पू० में० 56 |

[20] पू० में० – श्लोक – 11 |

[21] पू० में० श्लोक – 11 |

[22] पू० में० श्लोक – 12 \

[23] अमुं शैलं चित्रकूटम् – पू० में० |

[24] कालिदास का भारत – भगवत शरण उपाध्याय पृष्ठ – 31 |

[25] पू० में० – 1 |

[26] "स्थानादस्मात्सरसनिचुलादुत्पतोदङ्मुखः खं" पू० में० – 14 |

[27] वहि० 24 |

[28] त्वामासारप्रशमितवनोपप्लव साधुमूर्ध्ना,

वक्ष्यात्यध्वश्रमपरिगतं सनुमानाम्रकूट; ०पू॰ मे॰ – 17 |

[29] पू॰ मे॰|

[30] पू॰ मे॰ – श्लोक – 17 |

[31] माजिद हुसैन, भारत का भूगोलArchived 20 जुलाई 2014

[32] माजिद हुसैन, भारत का भूगोल 20 जुलाई 2014

[33] पूर्वमेघ – श्लोक 57

[34] पूर्वमेघ – श्लोक 56

[35] समकालीन भारत. नई दिल्ली: राष्ट्रीय शैक्षिक अनुसंधान और प्रशिक्षण परिषद. अप्रैल 2003 पृ॰ 247-248.

[36] नवभारतटाइम्स.कॉम (2020-06-05)

[37] पूर्वमेघ – श्लोक 61

[38] Ramsar Wetlands International. पृ॰ 77.

[39] पूर्वमेघ – श्लोक 65

[40] पूर्वमेघ – श्लोक 52

[41] महाभारत, अनुशासन-पर्व,165-25

[42] वी.एस. वाकणकर और सी.एन.परचुरी: द लॉस्ट सरस्वती रिवर, मैसूर 1994, पेज.45

[43] वाल्मीकि रामायण, आयो॰ 71/5

[44] महाभारत, 1/10/26

[45] Yash Pal in S.P. Gupta 1995: 175

[46] महाभारत ३.८०.११८; ९.३६.१; ३.१३०.४

[47] महाभारत-३.८१.११५

4

कालिदास के समय से लेकर आधुनिक समय तक का परिवर्तन

मौसम की घटनाये अनादि कल से ही पृथ्वी और उस पर रहने वाले जीवधारियो को प्रभावित करती है | ये घटनाएँ वायुमंडल में उपस्थित जलवाष्प तथा वयुराशियो के गति के कारण उत्पन्न होती है | आधुनिक समय में जनसाधारण में मौसम विज्ञान की रोचकता एवं उपयोगिता जिस प्रकार से बढ़ रही है, वह किसी से छिपा नहीं है | आधुनिक मौसम विज्ञान ने पिछले कुछ वर्षो में बहुत विकास किया है लेकिन इसका यह मतलब नहीं है की प्राचीन कल में मौसम या भौगोलिक घटनाओं के विषय में लोगो को जानकारी है नहीं थी |

बल्कि यह कह सकते है की आधुनिक समय में जो मौसम विज्ञानं अपने यंत्र-तंत्र के द्वारा जानकारी या पूर्वानुमान उप्लाब्ध करा रहा है, वह सारी बाते प्राचीन कल में ही तंत्र-मन्त्र के माध्यम से मौसम एवं जलवायु के विषय में बेहद सटीक जानकारी उपलब्ध करा दिया गया था | इसके सम्बन्ध में समय-समय पर अनेक विद्वानों ने अपने ग्रन्थों में वर्षा एवं पुर्नानुमान के लिए अनेक सिद्धान्त दिए है | वर्ष 3000 ई०पू० के उपनिषद में मेघ निर्माण एवं वृष्टि तथा पृथ्वी का सूर्य की परिक्रमा के कारण ऋतु परिवर्तन का वर्णन मिलता है | मौसम एवं जलवायु की जरुरत प्राचीनतम कालो से थी | इसके लिए हमारे ऋषि मुनियों ने विभिन्न प्राकृतिक तरीके अपना कर ऋतुओ के सम्बन्ध में होने वाले परिवर्तनों को जानने की कोशिश की |

अथर्ववेद, बृहत्संहिता, मेघदूत आदि ग्रंथों में महर्षि पराशर, वराहमिहिर, कश्यप, गर्ग और कालिदास आदि विद्वानों ने समय-समय पर वर्षा एवं मौसम पूर्वानुमान के लिए अनेक सिद्धांत दिए हैं | कालिदास ने अपने मेघदूत में मेघ, मेघनिर्माण एवं मेघ-मार्ग का बड़ा विस्तृत ढंग से वर्णन किया है और यदि देखा जाए तो कालिदास के समय (प्रथम शताब्दी

ई॰ पू॰ - चतुर्थ शताब्दी) से अर्थात कालिदास द्वारा बताया गया मेघ-मार्ग आधुनिक समय में भी वही है | इसी प्रकार कालिदास द्वारा बताया गया, वायु-प्रवाह, वायुदाब एवं मेघ-मार्ग का तात्कालिक समय में प्रस्तुत है एक नवीकरणीय अध्ययन का प्रयास -

<u>वायुप्रवाह एवं वायुदाब -</u>

वायु एक भौतिक वस्तु है, जो विभिन्न गैसों का यांत्रिक मिश्रण है[1], वायु का अपना स्वयं का भार होता है |

वायु अपने भार के द्वारा धरातल पर दबाव डालती है | धरातली सतह पर या सागरतल पर प्रति इकाई क्षेत्र पर ऊपर स्थित वायुमंडल के समस्त परतो के पड़ने वाले समस्त भार को वायुदाब कहते हैं[2] | हवाएं उच्च वायुदाब से निम्न वायुदाब की ओर प्रवाहित होती है | कालिदास द्वारा मेघदूत में वर्णित वायु, जलवायु विज्ञान के अनुसार स्थानीय मौसमी हवाओं के अंतर्गत रखा जा सकता है | अरब सागर से उठकर चलने वाली मानसूनी हवाएं आज भी कालिदास के बताए गए मार्ग का ही अनुसरण करती है |

<u>मानसून एवं वर्षा-</u>

कालिदास द्वारा बताए गए मानसून की उत्पत्ति का भौगोलिक कारण कुछ इस प्रकार रहा होगा -

1950 ई॰ के पूर्व भारतीय एवं एशियाई मानसून की उत्पत्ति तथा क्रियाविधि का सम्बन्ध मात्र धरातली पवन संचरण तथा तापजन्य उच्च एवं निम्न वायुदाब से जोड़ा जाता रहा है | परंतु क्षोभमंडल के मध्य तथा ऊपरी भाग में पवन संचरण के अध्ययन से ज्ञात होता है, कि मानसून एक जटिल पवन परिसंचरण तंत्र है | ध्रुवों के ऊपर आर्कटिक वृत में धरातल पर वायु के ऊपर से नीचे उतरने तथा बैठने के कारण उच्च वायुदाब बनता है, जबकि ऊपर यानी क्षोभमंडल में इस धरातलीय उच्च वायुदाब के ऊपर उच्चतलीय निम्न वायुदाब बनता है | इस प्रकार ध्रुवों के ऊपर उच्चतलीय 'परिध्रुवीय भंवर' का निर्माण होता है | जिस कारण चक्रवातीय क्रम में हवाएं चक्राकार रूप में प्रवाहित होती है | ज्ञातव्य है कि उत्तरी गोलार्ध के शीतकालीन मौसम में दीर्घ जाड़े की रात के कारण ऊपर स्थित वायु अत्यधिक ठंडी होकर भारी हो जाती है तथा आर्कटिक क्षेत्र में नीचे बैठती है जिस कारण धरातल पर उच्च दाब बन जाता है | जबकि ऊपर से नीचे वायु के सरकने के कारण वायुमंडल के ऊपरी भाग में (क्षोभमंडल) धरातलीय उच्च-दाब के ऊपर निम्नदाब (क्योंकि ऊपर की वायु नीचे बैठ जाती है) बन जाता है | इस उच्च तथा निम्न दाब के चारों ओर हवा चक्रवाती क्रम में भंवर के रूप में प्रवाहित होती है | एशिया के ऊपर इसकी दशा सामान्य रूप में पश्चिम से पूर्व होती है | इस उच्चतलीय पवन संचरण के भूमध्य रेखा की ओर वाले भाग को 'जेटस्ट्रीम'[3] कहते हैं |

अप्रैल - मई में उत्तर-पश्चिम पाकिस्तान तथा उत्तर-पश्चिम भारत पर सुर्यातप से धरातल के गर्म होने के कारण धरातल पर तापीय निम्न दाब बन जाता है | परंतु जब तक इस धरातलीय निम्न दाब के ऊपर जेट स्ट्रीम की स्थिति बनी रहती है (अर्थात जब

तक जेट स्ट्रीम हिमालय के दक्षिण में बनी रहती है) जब तक वह अफगानिस्तान, उत्तर-पश्चिम पाकिस्तान तथा उत्तर-पश्चिम भारत पर गतिक चक्रवात को कायम रखती है | इस उच्चतलीय उच्च दाब से नीचे बैठने वाली हवा धरातलीय तापीय निम्न दाब से वायु के ऊपर उठने को रोकती है | जिस कारण मौसम गर्म तथा शुष्क बना रहता है | यही कारण है कि अप्रैल- मई में उच्च तापमान तथा वाष्पीकरण के बावजूद वर्षा नहीं हो पाती है | ज्ञातव्य है कि मई मास में जबकि उत्तर-पश्चिम भारत शुष्क रहता है, म्यांमार में मानसून का आगमन हो जाता है | यहां पर हिमालय की पूर्वी सीमा के पूर्व में उच्चतलीय पछुवा जेट स्ट्रीम के कारण उच्चतलीय निम्न दाब का निर्माण होता है, जिस कारण म्यांमार के दक्षिण से आने वाली हवा ऊपर उठा दी जाती है और तीव्र वर्षा प्रारंभ हो जाती है | इसका प्रभाव बांग्लादेश एवं भारत के समीपवर्ती भाग पर भी पड़ता है | जिस कारण मानसून पूर्व वर्षा होती है | इस तरह मई में उत्तर पूर्व एवं पूर्वी भारत आर्द्र हो जाता है, तथा उत्तर-पश्चिम भारत शुष्क एवं गर्म रहता है | कालिदास ने भारत में जो मानसून के आगमन का समय बताया है, वह 'आषाढ़ मास के प्रथम दिवस' को बताया है – *"आषाढस्य प्रथमदिवसे मेघमाश्लिष्सानुं"*[4] कालिदास के अनुसार भारत में मानसून आगमन का बताया गया या समय भौगोलिक नियमानुसार सत्य हैं | जलवायु विज्ञान में भी कहा गया है –'जून के प्रथम सप्ताह'[5] (आषाढ़ का प्रथम दिन तक भारत के ऊपर से पछुवा जेट स्ट्रीम की दक्षिणी शाखा) उत्तर खिसक जाने के कारण समाप्त हो जाती है | इससे प्रवाह मार्ग का वक्र सरदकालीन मार्ग के विपरीत हो जाता है | इस स्थिति के कारण नीचे से हवा ऊपर तो उठती ही है, धरातलीय निम्न दाब के उपर स्थित उच्चतलीय निम्न दाब नीचे से ऊपर उठने वाली हवा को और अधिक ऊपर खींचता है, जिस कारण दक्षिण-पश्चिम मानसून का अचानक प्रस्फोट हो जाता है[6] |

इसी प्रकार कालिदास ने मेघ को रामगिरि पर्वत से 'उदङ् मुखः' (उत्तर की ओर मुख करके) आगे बढ़ने को कहा है –

"स्थानादस्मात्सरसनिचुलादुत्पतोदङमुखः खं"[7]

कालिदास का यह कथन भी भौगोलिक नियमानुसार पूर्णतय: सटीक है | जलवायु विज्ञान में भी मानसून को उत्तर की ओर बढ़ने के लिए ही बताया गया है, जो इस प्रकार से है-

द॰ ध्रुवीय भंवर के अधिक विस्तृत हो जाने के कारण, इसका विस्तार भूमध्य रेखा के करीब तक हो जाता है, परिणामस्वरुप अन्तराऊष्णकटिबंधीय अभिसरण भूमध्य रेखा के उत्तर[8] धकेल दिया जाता है | दक्षिण ध्रुवीय भंवर के इस प्रत्याकर्षण कारक (धकेलने के प्रभाव) के कारण दक्षिण पूर्व व्यापारिक वायु भूमध्य रेखा को पार करने पर विक्षेप बल यानी 'कोरिआलिस बल' के कारण दक्षिण पश्चिम दिशा वाली होकर तेजी से भारत के ऊपर झपटती है | स्मरणीय है कि अन्तराऊष्ण कटिबंधीय अभिसरण का तीव्र गति से उत्तर[9] की ओर बढ़ना दक्षिण से परिध्रुवीयी भंवर के द्वारा धकेलने के कारण ही संभव होता है |

भारत में मानसूनी वर्षा की मात्रा में अत्यधिक स्थानिक तथा कालिक परिवर्तन होते हैं | इन परिवर्तन का कारण भौगोलिक दृष्टिकोण से उच्चावच[10] का प्रभाव बताया गया है | दक्षिण पश्चिम मानसून की अरबसागरीय शाखा पश्चिमी घाट के औरोध के कारण अचानक ऊपर उठती है तथा पश्चिमी घाट के शिखर के सहारे वृष्टि करती है | भूगोल का यह सिद्धांत कालिदास ने मेघदूत में पहले ही बता दिया है | उच्च-भूभाग वाले 'मालभूमि'[11] पर वर्षा करना और 'आम्रकूट'[12] पर्वत पर ठहराना कालिदास के मस्तिष्क का भौगोलिक उपज ही है |

मेघ का मार्ग –

रामगिरि – मालदेश – आम्रकूट – विन्ध्य – नर्मदा – दशार्ण - विदिशा – वेत्रवती – नीचै – उज्जयिनी – निर्विन्ध्या – अवन्ती – सिन्धु - शिप्रा – गंधवती – गम्भीरा – देवगिरि – चर्मण्वती – दशपुर - कुरुक्षेत्र - सरस्वती - कनखल - हिमालय - गंगा – क्रौन्च – कैलाश – मानसरोवर – अलकापुरी |

मेघदूत के पूर्व भाग में कालिदास ने रामगिरि से अलकापुरी तक के मार्ग में पड़ने वाले प्रसिद्ध स्थानों, नदियो, पर्वतों, पहाड़ों, इत्यादि का ऐसे रोचकता से चित्रण किया है कि उसे सुनकर, मेंघ ही नहीं बल्कि पाठक भी मेघ के संदेश को लेकर जाने के लिए उद्यत हो जायेगा |

अनेक विद्वानों ने कालिदास के भौगोलिक ज्ञान की प्रशंसा किया है और उन्होंने कालिदास को इस बात का श्रेय दिया है कि उन्होंने मेघदूत में मेघ का जो मार्ग बताया है भौगोलिक घटनानुसार सचमुच में भारत की मानसूनी हवाएं(मध्य भारत में वर्षा करने वाली) उसी मार्ग से गुजरती है | परन्तु यहां इस तथ्य की जांच करना हमारे लिए कठिन है |

यक्ष रामगिरि के आश्रमो में वास कर रहा था और वहीं से उसने मेघ से उत्तर दिशा की ओर प्रस्थान करने की याचना कि, यद्यपि कि रामगिरि पर्वत के विषय में काफी विवाद है | कुछ लोग इसे 'चित्रकूट' में होना मांगते हैं, तो कुछ विद्वान नागपुर में स्थित 'रामटेक पर्वत', को ही 'रामगिरि' के रूप में स्वीकार करते हैं | रामगिरि से उत्तर की ओर चलते हुए सबसे पहला प्रदेश 'माल' नाम का पठार पडता है | उससे पश्चिम-उत्तर की ओर चलते हुए अगला स्थान 'आम्रकूट' नाम का पर्वत आता है | उससे आगे 'विंध्याचल पर्वत' की तलहटी, बाद में नर्मदा (रेवा नदी) बलखाती हुई मिलती है | उसके बाद छोटे-मोटे अनेक पर्वतों को पार करके दशार्ण (आधुनिक छत्तीसगढ़) नाम का जनपद आ जाता है | जिसकी 'विदिशा' (आधुनिक भीलसा) राजधानी बड़ी प्रसिद्ध थी और जो 'बेत्रवती' (बेतवा) के किनारे स्थित थी |

विदिशा के समीप 'नीचै' नामक गिरि को पार करके मेघ को और पश्चिम की ओर मुड़कर 'अवन्ती'(मालवा का पश्चिमी भाग जनपद की राजधानी उज्जयिनी) जाने के लिए कहा गया | यद्यपि वैसा करने पर उसका रास्ता टेढा हो जाएगा |

विदिशा से उज्जयिनी (,विशाला आधुनिक उज्जैन) पहुंचने में रास्ते में 'निर्विन्ध्या' और 'शिप्रा' नदियां है | वहां महाकाल का मंदिर भी दृष्टव्य स्थान था | जो 'गन्धवती' नदी के किनारे स्थित था |

उज्जयिनी से आगे बढ़कर गंभीरा (शिप्रा की कोई सहायक नदी) पड़ती है और देवगिरि (आधुनिक देवगण) आ जाता है | देवगिरि में स्कंध का प्रसिद्ध कुण्ड धाम था | इसके पश्चात कुछ रास्ता पार करने के बाद चर्मण्वती (आधुनिक चंबल) नदी आ जाती है | चंबल नदी को पार करके 'दशपुर' (आधुनिक मंदसौर वा दसोर) नगर आ जाता है | इसके बाद 'ब्रह्मवर्त' जनपद आ जाता है, जिसमें कुरुक्षेत्र प्रसिद्ध प्रदेश है | जहां महाभारत में प्रसिद्ध कौरव -पांडवों का युद्ध हुआ था और जिसमें परम पावन सरस्वती नदी बहती थी |

कुरुक्षेत्र के मैदान को पार करके 'कनखल' नामक स्थान आ जाता है, जहां गंगा नदी हिमालय से उतरकर मैदान (समतल भूमि) में आ जाती है | उसके आगे गंगा का उद्गम स्थान हिमालय पर्वत आ जाता है | हिमालय में एक शिला में प्रकट सम्भू के चरणन्यास है | भक्त लोग श्रद्धा के साथ जिनकी परिक्रमा किया करते हैं | हिमालय के तक के समीप अन्य दर्शनीय स्थानों को देखते हुए आगे बढ़ने पर 'क्रौन्चरन्ध्र' आ जाता है और उसमें से होकर उत्तर की ओर बढ़ने पर 'कैलाश पर्वत' आ जाता है, जिसकी गोद में 'अलकापुरी' विद्यमान है |

रामगिरि –

कालिदास ने अपने मेघदूत में 12वे श्लोक में रामगिरि[13] पर्वत का वर्णन किया है | इस श्लोक के माध्यम से कवि ने राम वनवास की कथा की ओर भी संकेत किया है कि रामचंद्र जी वनवास के समय यहां ठहरे थे इसलिए पर्वत के ढलानो पर उनके चरण चिह्न बन गए थे | इस श्लोक के माध्यम से रामगिरि कहाँ है यह जानने में सहायता मिलती है | रामचंद्र जी के चरण चिह्नों का उल्लेख करने का कवि का अभिप्राय पर्वत की महत्ता प्रदर्शित करना है | क्योंकि रामचंद्र जी महान व पूजनीय थे | इस पर्वत पर ठहरे थे, इसलिए उनके संपर्क से पर्वत पूजनीय हो गया |

महाकवि ने मेघदूत में एक ऐसे गिरि की ओर संकेत किया है, जो प्रसंग के विचार से विंध्य श्रृंखला के दक्षिण पड़ता है और जिसे प्रसिद्ध टीकाकर मल्लिनाथ ने 'चित्रकूट' संज्ञा प्रदान की है[14] अब यदि हम मल्लिनाथ का विचार माने तो यह मानना पड़ेगा कि कभी मेघ को पहले चित्रकूट फिर आम्रकूट भेजना चाहता है | इससे चित्रकूट का अमरकंटक के दक्षिण में ही होना प्रमाणित होता है | परंतु मल्लिनाथ का इस गिरि को प्रसिद्ध चित्रकूट मानना असंगत है | रघुवंश के सर्ग 12 के श्लोक से तात्पर्य यह निकलेगा कि यह पार्वती भाग उस दंडकारण्य में ही पड़ता था, जिसका वर्णन चित्रकूट से पहले आया है | दंडकारण्य

का विस्तार विन्द्य मेखला के उत्तर से आरंभ होकर दक्षिण में गोदावरी की घाटी में समाप्त होता है | इस प्रकार दंडकारण्य की स्थिति विन्द्य पर्वत के उत्तर दक्षिण दोनों ओर हुई |

अब चूँकि रामचंद्र जी अपने 14 वर्ष के वनवास काल को एक जगह रह कर तो बिताया न होगा अतः वे पूरे दंडकारण्य में भ्रमण कर रहे थे | मध्यप्रदेश में नागपुर से 24 मील उत्तर में एक पर्वत है जिसे वर्तमान में रामटेक[15] पर्वत के नाम से जाना जाता है | इस स्थल का अवलोकन करने से तथा अनेक तर्कों के आधार पर यह माना जा सकता है कि राम सीता के साथ वनवास का कुछ समय यहाँ पर अवश्य बिताया होगा | मेघदूत के प्रथम श्लोक "रामगिर्याश्रमेषु"[16]इसी रामटेक पर्वत की ओर संकेत कर रहा है | अतः रामटेक पर्वत को ही रामगिरि मानना उचित होगा क्योंकि यहीं से जब मेघ उत्तर[17] की ओर जाएगा, तभी उसे आम्रकूट पर्वत मिलेगा | मेघदूत का आरंभ इसी रामगिरि पर्वत पर होता है | कालिदास ने सीता और राम के निवास से उस गिरि का पवित्र होना लिखा है | उस गिरि पर मेघदूत के अनुसार नमेरु वृक्षों (छायातरुओ) की छाया में कभी अनेक आश्रम थे| कालिदास के वर्णन से जान पड़ता है कि रामगिरी के समीपवर्ती निचली भूमि 'निचुल' पौधों से ढकी थी[18] |

रामटेक लोक सभा निर्वाचन क्षेत्र भारत के महाराष्ट्र राज्य का एक लोक सभा निर्वाचन क्षेत्र है। रामटेक महाराष्ट्र राज्य के नागपुर ज़िले में स्थित एक तीर्थ स्थान है। वनवास के समय राम के टिकने का स्थान या पड़ाव को रामटेक कहा जाता है। नागपुर से रामटेक स्टेशन 26 मील की दूरी पर है। रामटेक से बस्ती एक मील की दूरी पर है। रामटेक के पास रामगिरि नामक पर्वत है। पर्वत के ऊपर श्रीराम मन्दिर है। श्रीराम मन्दिर के सामने वराह भगवान की मूर्ति है। रामटेक से दो मील दूर रामसागर तथा अम्बासागर नामक दो पवित्र सरोवर हैं। इनके किनारे कई मन्दिर हैं। रामटेक में जैन मन्दिर भी है। कुछ विद्वानों का मत है कि कालिदास के मेघदूत का रामगिरि यही है[19]।

माल देश (मालवा पठार) –

मालवा ज्वालामुखी के उद्गार से बना पश्चिमी भारत का एक अंचल है। मध्य प्रदेश के पश्चिमी भाग तथा राजस्थान के दक्षिणी-पूर्वी भाग से गठित यह क्षेत्र प्राचीन काल से ही एक स्वतंत्र राजनीतिक इकाई रहा है। मालवा का अधिकांश भाग चंबल नदी तथा इसकी शाखाओं द्वारा संचित है, पश्चिमी भाग माही नदी द्वारा संचित है। यद्यपि इसकी राजनीतिक सीमाएँ समय-समय पर थोड़ी परिवर्तित होती रही तथापि इस क्षेत्र में अपनी विशिष्ट सभ्यता, संस्कृति एवं भाषा का विकास हुआ है। मालवा के अधिकांश भाग का गठन जिस पठार द्वारा हुआ है उसका नाम भी इसी अंचल के नाम से 'मालवा का पठार' है। इसे प्राचीनकाल में 'मालवा' या 'मालव' के नाम से जाना जाता था। वर्तमान में मध्यप्रदेश प्रांत के पश्चिमी भाग में स्थित है। समुद्र तल से इसकी औसत ऊँचाई 496 मी॰ है।

मालवा का नामकरण एवं इतिहास -

मालवा का उक्त नाम 'मालव' नामक जाति के आधार पर पड़ा। मालव जाति का उल्लेख सर्वप्रथम ई. पू. चौथी सदी में मिलता है, जब यह जाति सिकंदर से युद्ध में पराजित हुई

थी। ये मालव प्रारंभ में <u>पंजाब</u> तथा <u>राजपूताना</u> क्षेत्रों के निवासी थी, लेकिन सिकंदर से पराजित होकर वे <u>अवन्ति</u> (वर्तमान <u>उज्जैन</u>) व उसके आस-पास के क्षेत्रों में बस गये । उन्होंने आकर (दशार्ण) तथा अवन्ति को अपनी राजनीतिक गतिविधियों का केंद्र बनाया। दशार्ण की राजधानी <u>विदिशा</u> थी तथा अवन्ति की राजधानी उज्जयिनी थी। कालांतर में यही दोनों प्रदेश मिलकर मालवा कहलाये। इस प्रकार एक भौगोलिक घटक के रूप में 'मालवा' का नाम लगभग प्रथम ईस्वी सदी में मिलता है। मालवा पर करिब 547 वर्षों तक <u>भील</u> राजाओ का शासन रहा,जिनमें <u>राजा धन्ना भील</u> प्रमुख रहे । राजा धन्ना भील के ही एक उत्तराधिकारी ने 730 ईसा पूर्व में दिल्ली के सम्राट को चुनौती दी थी , इस प्रकार मालवा उस समय एक शक्तिशाली साम्राज्य था।

मौर्य शासक <u>चंद्रगुप्त मौर्य</u> के समय के शासक राजा गरिमध्वज भील थे , वे अपनी बहादुरी और शौर्य के लिए जाने जाते थे , चन्द्रगुप्त मौर्य के मालवा आक्रमण के दौरान उनका सामना भील राजा से हुआ , लेकिन चाणक्य की नीति के फलस्वरूप दोनों राजाओं में मित्रता हो गई।

<u>मालवा का विस्तार</u> -

भारत के अन्य राज्यों की भाँति मालवा की भी राजनीतिक सीमाएं राजनीतिक गतिविधियों व प्रशासनिक कारणों से परिवर्तित होती रही है।

अनेक ऐतिहासिक साक्ष्यों एवं भौगोलिक स्थिति के आधार पर प्राचीन मालवा के भौगोलिक विस्तार के संदर्भ में विभिन्न विद्वानों के अलग-अलग मत हैं। व्यापक अर्थ में यह उत्तर में <u>ग्वालियर</u> की दक्षिणी सीमा से लेकर दक्षिण में <u>नर्मदा</u> घाटी के उत्तरी तट से संलग्न महान विंध्य क्षेत्रों तक तथा पूर्व में विदिशा से लेकर राजपूताना की सीमा के मध्य फैले हुए भू-भाग का प्रतिनिधित्व करता है। इस प्रकार स्थूल रूप से यह पश्चिम में मेही नदी से लेकर पूर्व में धसान नदी तक तथा दक्षिण में निमाड़ तथा सतपुड़ा तक फैली हुई है। <u>दिनेश चंद्र सरकार</u> के अनुसार 'मालवा', जो आकर-दशार्ण तथा अवन्ति प्रदेश का द्योतक है -- पश्चिम में अरावली पर्वतमाला, दक्षिण में विंध्य श्रेणी, पूर्व में बुंदेलखण्ड और उत्तर- पूर्व में गंगा- घाट से घिरा हुआ प्रदेश था, जिसमें मध्य भारत के आधुनिक <u>इंदौर</u>, <u>धार</u>, <u>ग्वालियर</u>, <u>भोपाल</u>, <u>रतलाम</u>, <u>गुना</u> तथा <u>सागर</u> जिले के कुछ भाग सम्मिलित थे। डी. सी. गांगुली का मत है कि मालवा प्रदेश पूर्व में भिलसा (विदिशा) से लेकर पश्चिम में मेही नदी तक तथा उत्तर में कोटा राज्य से लेकर दक्षिण में ताप्ती नदी तक फैला हुआ था।

बी. पी. सिन्हा के अनुसार मालवा प्रदेश पश्चिम में चंबल नदी से लेकर पूर्व में एरण तक, दक्षिण में विंध्य श्रेणी से लेकर उत्तर में चंबल के उत्तरी मोड़ तक विस्तृत था। मैलकम द्वारा मालवा की सीमा उत्तर दक्षिण में विंध्याचल से मुकुन्दरा तक तथा पूर्व से पश्चिम में नर्मदा से निमाड़ तक बतलाई गयी है। ओ. एच. के स्पेट के अनुसार मालवा प्रदेश त्रिभुजाकार में विंध्य श्रेणी पर आधारित है, जो उत्तर-पश्चिम में अरावली पर्वत से तथा पूर्व में बुंदेलखण्ड से घिरा हुआ है। कैलाश चंद्र जैन का मत है कि मालवा प्रदेश के अंतर्गत संपूर्ण पश्चिमी मध्य

प्रदेश का विस्तृत भू-भाग आता है, जो दक्षिण में विंध्य श्रेणी, पूर्व में सागर-दमाई पठार और बुंदेलखण्ड, उत्तर में गुना-शिवपुरी क्षेत्र और राजस्थान तथा पश्चिम में गुजरात और अरावली पर्वतमाला से घिरा हुआ है।

वर्तमान में यह लगभग 47760 वर्ग किलोमीटर क्षेत्र में फैला हुआ है तथा इसके अंतर्गत धार, झाबुआ, रतलाम, देवास, इंदौर, उज्जैन, मंदसौर, सीहोर, शाजापुर, रामसेन, राजगढ़ तथा विदिशा जिले आते हैं।

आम्रकूट (अमरकंटक) –

आम्रकूट[20] नाम वाला पर्वत, इसका यह नाम सार्थक है, क्योंकि इसके आसपास के जंगलों में आम के वृक्ष अधिकता से पाए जाते हैं | यह विंध्याचल पर्वत का पूर्वी भाग है| यहां से नर्मदा नदी निकलती है | 'प्रोफ़ेसर विल्सन' ने इसे आधुनिक 'अमरकंटक' माना है |कालिदास ने मेघ को अपना थकान मिटाने के लिए इस पर्वत पर ठहरने के लिए कहा है और इसकी उचाई को इसकी महानता बतलाया है | कालिदास आम्रकूट की सुंदरता का वर्णन करते हुए इसे पृथ्वी का 'तन' बताया है | भाव यह है कि आम्रकूट पर्वत के पार्श्व भागों में पके हुए वनों के आमो का समूह है | ऊपर उठा हुआ पर्वत अपने पार्श्व भागों में पीले आमो से ढका है | उसकी चोटी पर काला मेघ स्थित होगा तो वह पर्वत देव दम्पत्तियो को पृथ्वी रूपी नायिका का स्तन प्रतीत होगा क्योंकि स्तन भी मध्य में कृष्ण तथा से विस्तृत भाग में गौर वर्ण होता है | वह पर्वत गौर वर्ण वाली तरुणी के स्तन के समान होगा |

अमरकंटक को मध्य प्रदेश के वन प्रदेश की उपमा प्राप्त है | आम, महुआ और साल सहित नाना प्रकार के वृक्ष पर्वत का श्रृंगार करते हैं | अमरकंटक के जंगलों में आम के वृक्ष अधिक होने के कारण प्राचीन ग्रंथों में आम्रकूट के नाम से इस स्थान को जाना जाता है | इस पर्वत का सानिध्य से मानसिक तनाव और शारीरिक थकान दूर हो जाता है | कालीदास का मेघ भी अपना थकान मिटाने के लिए अमरकंटक को ही अपना पड़ाव बनाया था | कालिदास ने लिखा कि है ! मेघ रामगिरि पर्वत पर कुछ देर रुकने के बाद तुम आम्रकूट[21] (अमरकंटक) पर्वत जाकर रुकना | अमरकंटक ऊँचे शिखरो वाला पर्वत है | प्राकृतिक रुप से समृद्ध होने के साथ-साथ अमरकंटक का धार्मिक महत्व भी बहुत अधिक है | पुराणों में अमरकंटक का महत्व वर्णित है | अमरकंटक के आध्यात्मिक और धार्मिक महत्व को इस बात से समझा जा सकता है कि भगवान शिव ने धरती पर परिवार सहित रहने के लिए कैलाश और काशी के बाद अमरकंटक को चुना है | महादेव शिव की बेटी नर्मदा का उद्गम स्थल भी यहीं है | नर्मदा के साथ ही अमरकंटक, सोणभद्र और जोहिला नदी का उद्गम स्थल भी है | नर्मदा और सोणभद्र के विवाह की कथाएं भी यहां के जनमानस में प्रचलित है यद्यपि की विवाह संपन्न नहीं हो सका था | इसकी अपनी रोचक कहानी है | स्कन्दपुराण में भी अमरकंटक का वर्णन आता है | इस स्कन्दपुराण में कहा गया है कि 'अमर' यानी देवता और 'कट' यानी शरीर | यह पर्वत देवताओं के शरीर से आच्छादित है | इसलिए अमरकंटक कहलाता है | मत्स्यपुराण में अमरकंटक को कुरुक्षेत्र से भी अधिक महत्वपूर्ण और पवित्र

माना गया है |

पद्यपुराण में अमरकंटक की महिमा का वर्णन करते हुए देवर्षि नारद महाराज युधिष्ठिर से कहते हैं कि अमरकंटक पर्वत के चारों ओर कोटि रुद्रो की प्रतिष्ठा हुई है | यहाँ स्नान करके पूजा करने से महादेव रुद्र प्रसन्न होते हैं | यहाँ से निकलने वाली रेवा (नर्मदा) नदी को शिव का इतना आशीर्वाद प्राप्त है कि उसकी धारा में पाए जाने वाले शिवलिंग की स्थापना के लिए प्राण प्रतिष्ठा की आवश्यकता नहीं पड़ती | अमरकंटक के संबंध में यह भी मान्यता प्राप्त है कि जो साधू संयासी यहाँ देह त्यागता है, वह सीधे स्वर्ग को प्राप्त होता है |

अमरकंटक (आम्रकूट) का महत्व जीवनदायिनी नर्मदा के बिना अधूरा है | अमरकंटक पर्वत की ऊंचाई समुद्र तल से लगभग 3500 फिट है | कालिदास ने भी मेघदूत में इसकी ऊंचाई[22] को स्वीकारा है |

यहाँ अनेक रमणीय स्थल है जिनका विवरण क्रमशः आगे दिया गया है

नर्मदाकुंड और मंदिर -

नर्मदाकुंड नर्मदा नदी का उदगम स्थल है। इसके चारों ओर अनेक मंदिर बने हुए हैं। इन मंदिरों में नर्मदा और शिव मंदिर, कार्तिकेय मंदिर, श्रीराम जानकी मंदिर, अन्नपूर्णा मंदिर, गुरू गोरखनाथ मंदिर, श्री सूर्यनारायण मंदिर, वंगेश्वर महादेव मंदिर, दुर्गा मंदिर, शिव परिवार, सिद्धेश्वर महादेव मंदिर, श्रीराधा कृष्ण मंदिर और ग्यारह रूद्र मंदिर आदि प्रमुख हैं। कहा जाता है कि भगवान शिव और उनकी पुत्री नर्मदा यहां निवास करते थे। माना जाता है कि नर्मदा उदगम की उत्पत्ति शिव की जटाओं से हुई है, इसीलिए शिव को जटाशंकर कहा जाता है। माना जाता है कि पहले इस स्थान पर बाॅस का झुण्ड था माँ नर्मदा निकलती थीं बाद में बाद में रेवा नायक द्वारा इस स्थान पर कुंड और मंदिर का निर्माण करवाया गया | स्नान कुंड के पास ही रेवा नायक की प्रतिमा है | रेवा नायक के कई सदी पश्चात् नागपुर के भोंसले राजाओं ने उद्गम कुंड और कपडे धोने के कुंड का निर्माण करवाया था | इसके बाद 1939 में रीवा के महाराज गुलाब सिंह ने माँ नर्मदा उद्गम कुंड ,स्नान कुंड और परिसर के चारो ओर घेराव और जीर्णोद्धार करवाया |

धुनी पानी

अमरकंटक का यह गर्म पानी का झरना है। कहा जाता है कि यह झरना औषधीय गुणों से संपन्न है और इसमें स्नान करने शरीर के असाध्य रोग ठीक हो जाते हैं। दूर-दूर से लोग इस झरने के पवित्र पानी में स्नान करने के उद्देश्य से आते हैं, ताकि उनके तमाम दुखों का निवारण हो ॐ।

दूधधारा

अमरकंटक में दूधधारा नाम का यह झरना काफी लोकप्रिय है। ऊंचाई से गिरते इस झरने का जल दूध के समान प्रतीत होता है इसीलिए इसे दूधधारा के नाम से जाना जाता है। यह शहडोल जिले में है।

कल्चुरी काल के मंदिर

नर्मदाकुंड के दक्षिण में कलचुरी काल के प्राचीन मंदिर बने हुए हैं। इन मंदिरों को कलचुरी महाराजा कर्णदेव ने 1041-1073 ई. के दौरान बनवाया था। मछेन्द्रथान और पातालेश्वर मंदिर इस काल के मंदिर निर्माण कला के बेहतरीन उदाहरण हैं।

सोनमुड़ा

सोनमुदा सोन नदी का उदगम स्थल है। यहां से घाटी और जंगल से ढकी पहाड़ियों के सुंदर दृश्य देखे जा सकते हैं। सोनमुदा नर्मदाकुंड से 1.5 किलोमीटर की दूरी पर मैकाल पहाड़ियों के किनारे पर है। सोन नदी 100 फीट ऊंची पहाड़ी से एक झरने के रूप में यहां से गिरती है। सोन नदी की सुनहरी रेत के कारण ही इस नदी को सोन कहा जाता है।

मां की बगिया

मां की बगिया माता नर्मदा को समर्पित है। कहा जाता है कि इस हरी-भरी बगिया से स्थान से शिव की पुत्री नर्मदा पुष्पों को चुनती दी थी। यहां प्राकृतिक रूप से आम, केले और अन्य बहुत से फलों के पेड़ उगे हुए हैं। साथ ही गुलबाकावली और गुलाब के सुंदर पौधे यहां की सुंदरता में बढोतरी करती हैं। यह बगिया नर्मदाकुंड से एक किलोमीटर की दूरी पर है।

कपिलधारा

लगभग 100 फीट की ऊंचाई से गिरने वाला कपिलधारा झरना बहुत सुंदर और लोकप्रिय है। धर्मग्रंथों में कहा गया है कि कपिल मुनी यहां रहते थे। घने जंगलों, पर्वतों और प्रकृति के सुंदर नजारे यहां से देखे जा सकते हैं। माना जाता है कि कपिल मुनी ने सांख्य दर्शन की रचना इसी स्थान पर की थी। कपिलधारा के निकट की कपिलेश्वर मंदिर भी बना हुआ है। कपिलधारा के आसपास अनेक गुफाएं है जहां साधु संत ध्यानमग्न मुद्रा में देखे जा सकते हैं।

कबीर चबूतरा

स्थानीय निवासियों और कबीरपंथियों के लिए कबीर चबूतरे का बहुत महत्व है। कहा जाता है कि संत कबीर ने कई वर्षों तक इसी चबूतरे पर ध्यान लगाया था। कहा जाता है कि इसी स्थान पर भक्त कबीर जी और सिक्खों के पहले गुरु श्री गुरु नानकदेव जी मिलते थे। उन्होंने यहां अध्यात्म व धर्म की बातों के साथ मानव कल्याण पर चर्चाएं की। कबीर चबूतरे के निकट ही कबीर झरना भी है। मध्य प्रदेश के अनूपपुर और डिंडोरी जिले के साथ छत्तीसगढ़ के बिलासपुर और मुंगेली की सीमाएं यहां मिलती हैं।

सर्वोदय जैन मंदिर

यह मंदिर भारत के अद्विवतीय मंदिरों में अपना स्थान रखता है। इस मंदिर को बनाने में सीमेंट और लोहे का इस्तेमाल नहीं किया गया है। मंदिर में स्थापित मूर्ति का वजन 24 टन के करीब है। भगवान आदिनाथ अष्ट धातु के कमल सिंघासन पर विराजमान है कमल सिंघासन का बजन 17 टन है इस प्रकार इस प्रकार प्रतिमा और कमल सिंघासन का कुल बजन 41 टन है | प्रतिमा को मुनिश्री विद्यासागर जी महाराज ने 06 नवम्बर 2006 को विधि विधान से स्थापित किया |

श्री ज्वालेश्वर महादेव मंदिर

श्री ज्वालेश्वर महादेव मंदिर अमरकंटक से 8 किलोमीटर दूर शहडोल रोड पर स्थित है। यह खूबसूरत मंदिर भगवान शिव का समर्पित है। यहीं से अमरकंटक की तीसरी नदी जोहिला नदी की उत्पत्ति होती है। विन्ध्य वैभव के अनुसार भगवान शिव ने यहां स्वयं अपने हाथों से शिवलिंग स्थापित किया था और मैकाल की पहाड़ियों में असंख्य शिवलिंग के रूप में बिखर गए थे। पुराणों में इस स्थान को महा रूद्र मेरू कहा गया है। माना जाता है कि भगवान शिव अपनी पत्नी पार्वती से साथ इस रमणीय स्थान पर निवास करते थे। मंदिर के निकट की ओर सनसेट प्वाइंट है।

विन्ध्य (विन्ध्याचल पर्वत) –

विन्ध्याचल पर्वत आम्रकूट पर्वत के उत्तर में स्थित एक पर्वत श्रंखला है | जो भारतवर्ष को उत्तर एवं दक्षिण दो भागो में विभाजित करती है | यहीं से उत्तरापथ और दक्षिणापथ के राजमार्ग उत्तर और दक्षिण की ओर चलते थे |वस्तुतः पारियात्र का वह पूर्वी विस्तार जहाँ से बेतवा की सहायक नदी 'धसान' निकली है, विन्द्य पर्वत है | इसी विन्द्य पर्वत को कालिदास ने मेघदूत के निम्न श्लोक में 'विन्ध्यपाद' के नाम से बताया है –

स्थित्वा तस्मिन् वनचरवधूभुक्तकुन्जे मुहूर्तं
तोयोत्सर्गद्रुततर गतिस्तत्परं वर्त्म तीर्णः |
रेवां द्रक्ष्यस्युपलविषमे विन्ध्यपादे[23] विशीर्णं
भक्तिच्छेदैरिव विरचितां भुतिमङ्गे गजस्य ||

विन्ध्यपाद को अब आधुनिक काल में 'सतपुड़ा' के नाम से जाना जाता है | यह ताप्ती आदि नदियों का उद्गम स्थल माना जाता है | विन्ध्य सात 'कुलपर्वतों'[24] में से एक है |अन्य हिन्दू भौगोलिक भी इसे विन्ध्य पर्वत ही कहते हैं[25] | यह पर्वत नर्मदा और ताप्ती के बीच है | पारियात्र भी एक पर्वत है , चंबल और बेतवा के उद्गम से पश्चिम की ओर दौड़ने वाली विन्ध्यश्रृंखला का भाग है | अरावली और राजपूताना की दूसरी पहाड़ियां भी 'पारियात्र' में ही शामिल है | पाथर-श्रृंखला भी इसी का भाग है और यह नाम संभवत पारियात्र का अपभ्रंस है | 'श्री जयचंद्र विद्यालंकार' के अनुसार पारियात्र विन्ध्य श्रृंखला का वह भाग है, जहां से पार्वती और बनास से लेकर बेतवा तक की नदियां निकलती है | पारियात्र भी कुलपर्वतो में से एक ही है|

विन्ध्याचल पर्वत शृंखला का पश्चिमी अन्त गुजरात में पूर्व में वर्तमान राजस्थान व मध्य प्रदेश की सीमाओं के नजदीक है। यह शृंखला भारत के मध्य से होते हुए पूर्व व उत्तर से होते हुए 'मिर्जापुर' में गंगा नदी तक जाती है। इस शृंखला के उत्तर व पश्चिम का इलाका रहने लायक नहीं है, जो विन्ध्य व अरावली शृंखला के बिच में स्थित है, जो दक्षिण से आती हुई हवाओं को रोकती है। 'विंध्य' में सबसे प्रसिद्ध हैं यहाँ के सफ़ेद शेर। यह परतदार चट्टानों का बना हुआ है। यह पर्वतमाला उत्तर भारत को दक्षिण भारत से अलग करता है।

विंध्य पर्वत श्रृंखला मध्य भारत में एक बहुत पुरानी पर्वत श्रृंखला है। ये पहाड़ियाँ अपेक्षाकृत कम ऊबड़-खाबड़ और आकार में छोटी हैं। वे वास्तव में भारत-गंगा के मैदानों और देश के दक्कन क्षेत्र के बीच एक विभाजन बनाते हैं। विंध्य पर्वतमाला हवाओं के मार्ग को सीमित करती है, जिससे क्षेत्र काफी दुर्गम और खुरदरा हो जाता है। विंध्य रेंज की अलग-अलग ढलानें उत्तर में गंगा की सहायक नदियों और दक्षिण में विन्ध्याचल (विन्द्यपाद) की तलहटी में नर्मदा (रेवा) बहती हैं[26]। थ्रेस पर्वतमाला में बलुआ पत्थर का विशाल भंडार है, जिसका उपयोग सांची और खजुराहो के अन्य मंदिरों में बौद्ध स्तूपों के निर्माण के लिए किया जाता था।

<u>विन्ध्यपर्वत श्रृंखला का स्थान -</u>

विंध्य पर्वत श्रृंखला मध्य भारत, मध्य प्रदेश में स्थित है, और यह 970 किलोमीटर लंबा और 910 मीटर ऊंचा है। यह सीमा गुजरात राज्य से पूर्व और उत्तर में मिर्जापुर में गंगा नदी तक जारी है |

<u>विन्ध्यपर्वत श्रृंखला का अर्थ -</u>

विंध्य शब्द संस्कृत के शब्द "विन्ध्य" से निकला है | जिसका अर्थ है रास्ते में पड़ना। विंध्य रेंज "विंध्याचल" के रूप में भी प्रसिद्ध है।

<u>पौराणिक कहानी -</u>

एक पौराणिक कहानी बताती है कि विंध्य ने एक बार सूर्य के मार्ग को बाधित किया था। एक अन्य सिद्धांत के अनुसार, "विंध्य" नाम का अर्थ संस्कृत में "शिकारी" है, और इस क्षेत्र में निवास करने वाले आदिवासी शिकारी के लिए संदर्भित कर सकते हैं। महाभारत में, इस श्रेणी को 'विंध्यपदपर्वत' के रूप में भी जाना जाता है।

प्रागैतिहासिक भारतीय ग्रंथों में, 'विंध्य' को भारत-आर्यों के क्षेत्रों के बीच सीमांकन रेखा के रूप में देखा जाता है। सबसे प्राचीन हिंदू ग्रंथ इसे 'आर्यावर्त' की दक्षिणी सीमा मानते हैं। ऐतिहासिक रूप से, विंध्य पर्वत को अंधेरे पौधों और वहां रहने वाली आक्रामक जनजातियों के कारण बेहद दूरस्थ और खतरनाक माना जाता था। बाद के ग्रंथ बताते हैं कि विंध्य श्रेणी देवी माँ का निवास है, जो राक्षसों को मारने के बाद से वहां रहती थीं। उन्हें 'विंध्यवासिनी' के रूप में वर्णित किया गया है और एक मंदिर उसे समर्पित है जो उत्तर प्रदेश के 'विंध्याचल' शहर में स्थित है।

एक मिथक के अनुसार, विंध्य पर्वत ने एक बार मेरु पर्वत के साथ युद्ध किया, जो इतना ऊंचा उठा कि उसने सूर्य को अवरुद्ध कर दिया। ऋषि अगस्त्य ने दक्षिण में अपना रास्ता आसान करने के लिए, विंध्य को अपने आप को नीचे करने के लिए कहा। ऋषि अगस्त्य के संबंध में, विंध्य ने अपनी ऊंचाई कम कर दी और जब तक ऋषि अगस्त्य उत्तर में नहीं लौट जाते, तब तक बढ़ने का वादा किया। ऋषि अगस्त्य दक्षिण में बसे, और विंध्य पर्वत, अपने वचन के अनुसार, कभी आगे नहीं बढ़ा।

वाल्मीकि के रामायण के 'किष्किंधा कांड' में कहा गया है कि माया ने 'विंध्य मंदिर' में एक घर बनाया है। दशाकुमारचरित में, मगध के राजा राजाहम्सा और उनके मंत्रियों ने एक युद्ध के बाद अपने राज्य से बाहर निकाले जाने के बाद, विंध्य के जंगल में एक नई बस्ती बनाई।

<u>विन्ध्यपर्वत श्रृंखला का भूगोल</u> -

विंध्य पर्वत श्रृंखला की उत्तरी ढलानें काली सिंध, पारबती, बेतवा और केन सहित गंगा की सहायक नदियों द्वारा बहती हैं। सोन, गंगा की एक सहायक नदी, इसके पूर्वी छोर पर रेंज के दक्षिणी ढलानों को छोड़ती है। रेंज की दक्षिणी ढलानों को नर्मदा नदी द्वारा निकाला जाता है, जो विंध्य रेंज और दक्षिण के समानांतर सतपुड़ा रेंज के बीच के अवसाद में अरब सागर से आगे पश्चिम की ओर बहती है। नर्मदा घाटी का उत्तरी छोर विंध्य पर्वतमाला से घिरा है।

<u>विन्ध्यपर्वत श्रृंखला की जलवायु</u> -

विंध्य पर्वत श्रृंखला में मूल रूप से शुष्क – पर्णपाती जंगलों का विकास हुआ है। यहां वर्षा वास्तव में मौसमी होती है, जो लंबे शुष्क मौसम के साथ होती है, जो प्राकृतिक वनस्पतियों के विकास को बाधित करती है, जो उनके पत्तों को ढीला कर देती हैं। इन स्थानों पर पाए जाने वाले पेड़ मुख्य रूप से सागौन, साल और बांस होते हैं। पशु साम्राज्य में बाइसन, जंगली भैंस, चितीदार हिरण, तेंदुआ, काला हिरन और बड़े भूरे हिरण ("सांभर") होते हैं। विंध्य रेंज विशाल वन्यजीव और वानिकी का घर है। यद्यपि मानवीय हस्तक्षेपों के कारण प्राकृतिक पर्यावरण में बड़ी गिरावट आई है, जो पारिस्थितिक समस्याओं के एक विशाल सरणी तक ले जाती है।

<u>विन्ध्यपर्वत श्रृंखला की नदियाँ</u> -

गंगा-यमुना की कई सहायक नदियाँ विंध्य से निकलती हैं। इनमें चंबल, बेतवा, धसान, केन, तमसा , काली सिंध और पारबती शामिल हैं। विंध्य की उत्तरी पहाड़ियों को इन नदियों द्वारा बहा दिया जाता है।

नर्मदा (रेवा) –

नर्मदा, जिसे रेवा के नाम से भी जाना जाता है, भारतवर्ष की पवित्र सात नदियों में से यह भी एक है

गंगे च यमुने चैव गोदावरी सरस्वती |
नर्मदे सिन्धु-कावेरी जलेऽस्मिन् सन्निधिं कुरु ||[27]

यह मध्य भारत की एक नदी है और भारतीय उपमहाद्वीप की पांचवीं सबसे लंबी नदी है। यह <u>गोदावरी नदी</u> और <u>कृष्णा नदी</u> के बाद भारत के अंदर बहने वाली तीसरी सबसे लंबी नदी है। मध्य प्रदेश राज्य में इसके विशाल योगदान के कारण इसे "मध्य प्रदेश की जीवन रेखा" भी कहा जाता है। यह उत्तर और दक्षिण भारत के बीच एक पारंपरिक सीमा की तरह

कार्य करती है। यह अपने उद्गम से पश्चिम की ओर 1,312 किमी चल कर <u>खम्बत की खाड़ी</u>, <u>अरब सागर</u> में जा मिलती है।

नर्मदा, मध्य भारत के <u>मध्य प्रदेश</u> और <u>गुजरातराज्य</u> में बहने वाली एक प्रमुख <u>नदी</u> है। कालिदास ने इसे विन्द्याचल की तलहटी में फैली हुई बताया है –

"रेवां द्रक्ष्यस्युपलविषमे विन्ध्यपादे विशीर्णा"[28]

इस नदी की उत्पत्ति आम्रकूट पर्वत (अमरकंटक पहाड़ी) से हुई है। इसकी लम्बाई प्रायः 1312 किलोमीटर है। यह नदी पश्चिम की तरफ जाकर खम्बत की खाड़ी में गिरती है।

<u>उद्गम एवं मार्ग</u> -

नर्मदा नदी का उद्गम <u>मध्यप्रदेश</u> के 'अनूपपुर' जिले में <u>विंध्याचल</u> और <u>सतपुड़ा</u> पर्वतश्रेणियों के पूर्वी संधिस्थल पर स्थित <u>अमरकंटक</u> में नर्मदा कुंड से हुआ है। नदी पश्चिम की ओर सोनमुद से बहती हुई, एक चट्टान से नीचे गिरती हुई <u>कपिलधारा</u> नाम की एक जलप्रपात बनाती है। घुमावदार मार्ग और प्रबल वेग के साथ घने जंगलो और चट्टानों को पार करते हुए <u>रामनगर</u> के जर्जर महल तक पहुँचती हैं। आगे दक्षिण-पूर्व की ओर, रामनगर और <u>मंडला</u> (25 किमी) के बीच, यहाँ जलमार्ग अपेक्षाकृत चट्टानी बाधाओं से रहित सीधे एवं गहरे पानी के साथ है। <u>बंजर नदी</u> बाईं ओर से जुड़ जाता है। नदी आगे एक संकीर्ण लूप में उत्तर-पश्चिम में <u>जबलपुर</u> पहुँचती है। शहर के निकट, नदी <u>भेड़ाघाट</u> के पास लगभग 9 मीटर का जल-प्रपात बनाती हैं, जो की <u>धुआँधार</u> जलप्रपात के नाम से प्रसिद्ध हैं, आगे यह लगभग 3 किमी तक एक गहरी संकीर्ण चैनल में मैग्नीशियम चूनापत्थर और बेसाल्ट चट्टानों जिसे <u>संगमरमर</u> चट्टान भी कहते हैं के माध्यम से बहती है, यहाँ पर नदी 80 मीटर के अपने पाट से संकुचित होकर मात्र 18 मीटर की चौड़ाई के साथ बहती हैं। आगे इस क्षेत्र से अरब सागर में अपनी मिलान तक, नर्मदा उत्तर में विंध्य पट्टियों और दक्षिण में सतपुड़ा रेंज के बीच तीन संकीर्ण घाटियों में प्रवेश करती है। घाटी का दक्षिणी विस्तार अधिकतर स्थानों पर फैला हुआ है।

<u>संगमरमर</u> चट्टानों से निकलते हुए नदी अपनी पहली <u>जलोढ़ मिट्टी</u> के उपजाऊ मैदान में प्रवेश करती है, जिसे "नर्मदाघाटी" कहते हैं। जो लगभग 320 किमी (198.8 मील) तक फैली हुई है, यहाँ दक्षिण में नदी की औसत चौड़ाई 35 किमी हो जाती है। वही उत्तर में, बर्ना-बरेली घाटी पर सीमित होती जाती है जो की <u>होशंगाबाद</u> के बरखरा पहाड़ियों के बाद समाप्त होती है। हालांकि, कन्नोद मैदानों से यह फिर पहाड़ियों में आ जाती हैं। यह नर्मदा की पहली घाटी में है, जहां दक्षिण की ओर से कई महत्वपूर्ण सहायक नदियाँ आकर इसमें शामिल होती हैं और सतपुड़ा पहाड़ियों के उत्तरी ढलानों से पानी लाती हैं। जिनमे: शेर, शक्कर, दुधी, <u>तवा</u> (सबसे बड़ी सहायक नदी) और गंजल साहिल हैं। हिरन, बारना, चोरल , करम और लोहर, जैसी महत्वपूर्ण सहायक नदियां उत्तर से आकर जुड़ती हैं।

हंडिया और <u>नेमावर</u> से नीचे हिरन जल-प्रपात तक, नदी दोनों ओर से पहाड़ियों से घिरी हुई है। इस भाग पर नदी का चरित्र भिन्न दिखाई देता है। <u>ओंकारेश्वर</u> द्वीप, जोकि भगवान

शिव को समर्पित हैं, मध्य प्रदेश का सबसे महत्वपूर्ण नदी द्वीप है। सिकता और कावेरी, खण्डवा मैदान के नीचे आकर नदी से मिलते हैं। दो स्थानों पर, नेमावर से करीब 40 किमी पर मंधार पर और पंसासा के करीब 40 किमी पर ददराई में, नदी लगभग 12 मीटर (39.4 फीट) की ऊंचाई से गिरती है।

बरेली के निकट कुछ किलोमीटर और आगरा-मुंबई रोड घाट, राष्ट्रीय राजमार्ग 3, से नीचे नर्मदा मंडलेश्वर मैदान में प्रवेश करती है, जो कि 180 किमी (111.8 मील) लंबा है। बेसिन की उत्तरी पट्टी केवल 25 किमी (15.5 मील) है। यह घाटी साहेश्वर धारा जल-प्रपात पर जा कर ख़त्म होती है।

मकरई के नीचे, नदी बड़ोदरा जिले और नर्मदा जिला के बीच बहती है और फिर गुजरात राज्य के भरूच जिला के समृद्ध मैदान के माध्यम से बहती है। यहाँ नदी के किनारे, सालो से बाह कर आये जलोढ़ मिट्टी, गांठदार चूना पत्थर और रेत की बजरी से पटे हुए हैं। नदी की चौड़ाई मकराई पर लगभग 1.5 किमी (0.9 मील), भरूच के पास और 3 किमी तथा कैम्बे की खाड़ी के मुहाने में 21 किमी (13.0 मील) तक फैली हुई बेसीन बनाती हुई अरब सागर में विलिन हो जाती है।

<u>हिन्दू धर्म में महत्व</u> -

नर्मदा, समूचे विश्व में दिव्य व रहस्यमयी नदी है,इसकी महिमा का वर्णन चारों वेदों की व्याख्या में श्री विष्णु के अवतार वेदव्यास जी ने स्कन्द पुराण के रेवाखंड में किया है[29]। इस नदी का प्राकट्य ही, विष्णु द्वारा अवतारों में किए राक्षस-वध के प्रायश्चित के लिए ही प्रभु शिव द्वारा अमरकण्टक (जिला शहडोल, मध्यप्रदेश जबलपुर-विलासपुर रेल लाईन- उडिसा मध्यप्रदेश ककी सीमा पर) के मैकल पर्वत पर कृपा सागर भगवान शंकर द्वारा १२ वर्ष की दिव्य कन्या के रूप में किया गया। महारूपवती होने के कारण विष्णु आदि देवताओं ने इस कन्या का नामकरण नर्मदा किया। इस दिव्य कन्या नर्मदा ने उत्तर वाहिनी गंगा के तट पर काशी के पंचक्रोशी क्षेत्र में १०,००० दिव्य वर्षों तक तपस्या करके प्रभु शिव से निम्न ऐसे वरदान प्राप्त किये जो कि अन्य किसी नदी और तीर्थ के पास नहीं है :‘

प्रलय में भी मेरा नाश न हो। मैं विश्व में एकमात्र पाप-नाशिनी प्रसिद्ध होऊँ, यह अवधि अब समाप्त हो चुकी है। मेरा हर पाषाण (नर्मदेश्वर) शिवलिंग के रूप में बिना प्राण-प्रतिष्ठा के पूजित हो। विश्व में हर शिव-मंदिर में इसी दिव्य नदी के नर्मदेश्वर शिवलिंग विराजमान है। कई लोग जो इस रहस्य को नहीं जानते वे दूसरे पाषाण से निर्मित शिवलिंग स्थापित करते हैं ऐसे शिवलिंग भी स्थापित किये जा सकते हैं परन्तु उनकी प्राण-प्रतिष्ठा अनिवार्य है। जबकि श्री नर्मदेश्वर शिवलिंग बिना प्राण के पूजित है। मेरे (नर्मदा) के तट पर शिव- पार्वती सहित सभी देवता निवास करें।

सभी देवता, ऋषि मुनि, गणेश, कार्तिकेय, राम, लक्ष्मण, हनुमान आदि ने नर्मदा तट पर ही तपस्या करके सिद्धियाँ प्राप्त की। दिव्य नदी नर्मदा के दक्षिण तट पर सूर्य द्वारा तपस्या करके आदित्येश्वर तीर्थ स्थापित है। इस तीर्थ पर (अकाल पड़ने पर) ऋषियों द्वारा

तपस्या की। उनकी तपस्या से प्रसन्न होकर दिव्य नदी नर्मदा १२ वर्ष की कन्या के रूप में प्रकट हो गई तब ऋषियों ने नर्मदा की स्तुति की। तब नर्मदा ऋषियों से बोली कि मेरे (नर्मदा के) तट पर देहधारी सद्गुरू से दीक्षा लेकर तपस्या करने पर ही प्रभु शिव की पूर्ण कृपा प्राप्त होती है। इस आदित्येश्वर तीर्थ पर हमारा आश्रम अपने भक्तों के अनुष्ठान करता है।

<u>किंवदंती (लोक कथायें)</u> -

नर्मदा नदी को लेकर कई लोक कथायें प्रचलित हैं एक कहानी के अनुसार नर्मदा जिसे रेवा के नाम से भी जाना जाता है और राजा मैखल की पुत्री है। उन्होंने नर्मदा से शादी के लिए घोषणा की कि जो राजकुमार <u>गुलबकावली</u> के फूल उनकी बेटी के लिए लाएगा, उसके साथ नर्मदा का विवाह होगा। सोनभद्र यह फूल ले आए और उनका विवाह तय हो गया। दोनों की शादी में कुछ दिनों का समय था। नर्मदा सोनभद्र से कभी मिली नहीं थीं। उन्होंने अपनी दासी जुहिला के हाथों सोनभद्र के लिए एक संदेश भेजा। जुहिला ने नर्मदा से राजकुमारी के वस्त्र और आभूषण मांगे और उसे पहनकर वह सोनभद्र से मिलने चली गईं। सोनभद्र ने जुहिला को ही राजकुमारी समझ लिया। जुहिला की नियत भी डगमगा गई और वह सोनभद्र का प्रणय निवेदन ठुकरा नहीं पाई। काफी समय बीता, जुहिला नहीं आई, तो नर्मदा का सब्र का बांध टूट गया। वह खुद सोनभद्र से मिलने चल पड़ीं। वहां जाकर देखा तो जुहिला और सोनभद्र को एक साथ पाया। इससे नाराज होकर वह उल्टी दिशा में चल पड़ीं। उसके बाद से नर्मदा बंगाल सागर की बजाय अरब सागर में जाकर मिल गई।

एक अन्य कहानी के अनुसार <u>सोनभद्र नदी</u> को नद (नदी का पुरुष रूप) कहा जाता है। दोनों के घर पास थे। अमरकंटक की पहाडियों में दोनों का बचपन बीता। दोनों किशोर हुए तो लगाव और बढ़ा। दोनों ने साथ जीने की कसमें खाईं, लेकिन अचानक दोनों के जीवन में जुहिला आ गई। जुहिला नर्मदा की सखी थी। सोनभद्र जुहिला के प्रेम में पड़ गया। नर्मदा को यह पता चला तो उन्होंने सोनभद्र को समझाने की कोशिश की, लेकिन सोनभद्र नहीं माना। इससे नाराज होकर नर्मदा दूसरी दिशा में चल पड़ी और हमेशा कुंवारी रहने की कसम खाई। कहा जाता है कि इसीलिए सभी प्रमुख नदियां <u>बंगाल की खाड़ी</u> में मिलती हैं,लेकिन नर्मदा <u>अरब सागर</u> में मिलती है।

ग्रंथों में उल्लेख -

<u>रामायण</u> तथा <u>महाभारत</u> और परवर्ती ग्रंथों में इस नदी के विषय में अनेक उल्लेख हैं। पौराणिक अनुश्रुति के अनुसार नर्मदा की एक नहर किसी सोमवंशी राजा ने निकाली थी जिससे उसका नाम सोमोद्भवा भी पड़ गया था। गुप्तकालीन <u>अमरकोशमें</u> भी नर्मदा को 'सोमोद्भवा' कहा है। <u>कालिदास</u> ने भी नर्मदा को सोमप्रभवा कहा है। <u>रघुवंश</u> में नर्मदा का उल्लेख है। <u>मेघदूत</u> में रेवा या नर्मदा का सुन्दर वर्णन है। विश्व में नर्मदा ही एक ऐसी नदी है जिसकी परिक्रमा की जाती है और पुराणों के अनुसार जहाँ गंगा में स्नान से जो फल मिलता है नर्मदा के दर्शन मात्र से ही उस फल की प्राप्ति होती है। नर्मदा नदी पुरे भारत की प्रमुख नदियों में से एक ही है जो पूर्व से पश्चिम की ओर बहती है।

नर्मदा घाटी की सभ्यता एशिया महाद्वीप की प्राचीनतम सभ्यताओं में से एक और भारतीय उपमहाद्वीप की सर्वाधिक प्राचीन सभ्यता का केंद्र रही हैं। यह नदी समुद्र में मिलने से पूर्व 1312 किलोमीटर लंबे रास्ते में मध्यप्रदेश, गुजराती एवं महाराष्ट्र के क्षेत्र से 95726 वर्ग किलोमीटर का पानी बहा ले जाती हैं। इसकी सहायक नदी की संख्या 41 है। 22 बाए किनारे पर और 19 दाए किनारे पर मिलती हैं।

भारत की जलवायु -

भारत की जलवायु में काफ़ी क्षेत्रीय विविधता पायी जाती है और जलवायु तत्वों के वितरण पर भारत की कर्क रेखा पर अवस्थिति और यहाँ के स्थलरूपों का स्पष्ट प्रभाव दृष्टिगोचर होता है। इसमें हिमालय पर्वत और इसके उत्तर में तिब्बत के पठार की स्थिति, थार का मरुस्थल और भारत के हिन्द महासागर के उत्तरी शीर्ष पर अवस्थिति महत्वपूर्ण है। हिमालय श्रेणियाँ और हिन्दुकुश मिलकर भारत और पाकिस्तान के क्षेत्रों की उत्तर से आने वाली ठण्डी पवनों से रक्षा करते हैं। यही कारण है कि इन क्षेत्रों में कर्क रेखा के उत्तर स्थित भागों तक उष्णकटिबंधीय जलवायु का विस्तार पाया जाता है। थार का मरुस्थल ग्रीष्म ऋतु में तप्त हो कर एक निम्न वायुदाब केन्द्र बनाता है, जो दक्षिण-पश्चिम मानसूनी हवाओं को आकृष्ट करता है और जिससे पूरे भारत में वर्षा होती है।

कोपेन के वर्गीकरण का अनुसरण करने पर भारत में छ: जलवायु प्रदेश परिलक्षित होते हैं। लेकिन यहाँ यह अवश्य ध्यान रखना चाहिये कि ये प्रदेश भी सामान्यीकरण ही हैं और छोटे और स्थानीय स्तर पर उच्चावच का प्रभाव काफ़ी भिन्न स्थानीय जलवायु की रचना कर सकता है।

भारतीय जलवायु में वर्ष में चार ऋतुएँ होती हैं| ठंढी, गर्मी, वर्षा और शरदकाल। तापमान के वितरण मे भी पर्याप्त विविधता देखने को मिलती है। समुद्र तटीय भागों में तापमान में वर्ष भर समानता रहती है, लेकिन उत्तरी मैदानों और थार के मरुस्थल में तापमान की वार्षिक रेंज काफ़ी ज्यादा होती है। वर्षा पश्चिमी घाट के पश्चिमी तट पर और पूर्वोत्तर की पहाड़ियों में सर्वाधिक होती है। पूर्वोत्तर में ही 'मासिनराम' विश्व का सबसे अधिक वार्षिक वर्षा वाला स्थान है। पूर्व से पश्चिम की ओर क्रमशः वर्षा की मात्रा घटती जाती है और थार के मरुस्थलीय भाग में काफ़ी कम वर्षा दर्ज की जाती है।

भारतीय पर्यावरण और यहाँ की मृदा, वनस्पति तथा मानवीय जीवन पर जलवायु का स्पष्ट प्रभाव है। हाल में वैश्विक तापन और तज्जनित जलवायु परिवर्तन के प्रभावों की भी चर्चा महत्वपूर्ण हो चली है।

मौसम और जलवायु किसी स्थान की दिन-प्रतिदिन की वायुमंडलीय दशा को मौसम कहते हैं और मौसम के ही दीर्घकालिक औसत को जलवायु कहा जाता है। दूसरे शब्दों में मौसम अल्पकालिक वायुमंडलीय दशा को दर्शाता है और जलवायु दीर्घकालिक वायुमंडलीय दशा

को दर्शाता है। मौसम व जलवायु दोनों के तत्व समान ही होते हैं, जैसे-तापमान, वायुदाब, आर्द्रता आदि। मौसम में परिवर्तन अल्पसमय में ही हो जाता है और जलवायु में परिवर्तन एक लंबे समय के दौरान होता है।

तापमान-

तापमान से तात्पर्य वायु में निहित ऊष्मा की मात्रा से है और इसी के कारण मौसम ठंडा या गर्म महसूस होता है। वायुमंडल के तापमान का सीधा संबंध पृथ्वी को सूर्य से प्राप्त होने वाली ऊष्मा से है। वायुमंडल का तापमान न सिर्फ दिन और रात में बदलता है बल्कि एक मौसम से दूसरे मौसम में भी बदल जाता है। सूर्यातप सूर्य से किरणों के रूप में पृथ्वी पर आने वाली सौर ऊर्जा है जो पृथ्वी के तापमान के वितरण को प्रभावित करता है क्योंकि सूर्यातप की मात्रा भूमध्य रेखा से ध्रुवों की तरफ कम होती जाती है। वायुदाब वायु में निहित वजन से पृथ्वी की सतह पर पड़ने वाले दबाव को वायुदाब कहते हैं। समुद्र स्तर पर वायुदाब सबसे अधिक होता है और उंचाई के साथ इसमें कमी आती जाती है। क्षैतिज स्तर पर वायुदाब का वितरण उस स्थान पर पायी जाने वाली वायु के तापमान द्वारा प्रभावित होता है क्योंकि वायुदाब और तापमान में विपरीत संबंध पाया जाता है। निम्न वायुदाब वाले क्षेत्र वे हैं जहां तापमान अधिक होता है और हवा गर्म होकर उपर की ओर उठने लगती है। निम्नदाब वाले क्षेत्रों में बादलों का निर्माण होता है और वर्षा आदि होती है। उच्च वायुदाब वाले क्षेत्र वे हैं जहां तापमान कम होता है और हवा ठंडी होकर नीचे की ओर बैठने लगती है। निम्नदाब वाले क्षेत्रों में साफ मौसम पाया जाता है और वर्षा नहीं होती है। वायु हमेशा उच्च दबाव वाले क्षेत्र से कम– दबाव वाले क्षेत्र की ओर बहती है।

वायु की दिशायें-

उच्च वायुदाब वाले क्षेत्र से निम्नवायुदाब वाले क्षेत्रों की ओर बहने वाली गतिशील हवा को पवन कहते है। पवनें तीन प्रकार की होती हैं– मौसमी पवन और स्थानीय पवन स्थायी पवन व्यापारिक पवनें, पछुआ पवनें और ध्रुवीय पवनें स्थायी पवनें होती हैं। ये पूरे वर्ष एक ही दिशा विशेष में लगातार चलती रहती हैं। इन हवाओं की दिशाएं अलग– अलग मौसमों में अलग– अलग होती हैं। उदाहरण – मॉनसूनी पवनें, स्थानीय पवने इत्यादि

कालिदास ने अपने मेघदूत में जिस हवा के द्वारा मेघ की दिशा तय की थी वह भूगोल के अनुसार भारत की मानसूनी हवाओं के अंतर्गत आते है| जो दक्षिण-पश्चिम से उतर एवं उतर-पूर्व की ओर चलती है जिससे भारत में प्रयाप्त मात्रा में वर्षा प्राप्त होती है| इसी लिए कालिदास ने मेघ को सन्देश लेकर रामगिरि पर्वत से उतर की ओर मुख करके उड़ने को कहा और हिमालय तक जाने के लिए कहा है-

अद्रेः श्रृगं हरति पवनः किंस्विदित्युन्मुखीभि-
र्दृष्टोत्साहश्चकितचकितं मुग्धसिद्धड्गनाभिः।
स्नानादस्मात्सरसनिचुलादुत्पतोदड्मुखः खं
दिड्नागानां पथि परिहरन्थूलहस्तावलेपान्[30]।।

<u>*कालिदास के समय से वर्तमानकालिक जलवायु में परिवर्तन* –</u>

कालिदास के समय से लेकर आधुनिक समय में भारत की जलवायु में काफी परिवर्तन देखने को मिलता है |

कहा जाता है कि "धरती मानव की नहीं होती बल्कि मानव धरती का होता है।" किन्तु मानव जाति ने बिना कुछ समझे सदैव अपने लाभ के लिये इस अमूल्य धरा पर नियंत्रण करने और उसका शोषण करने का प्रयास किया है। इस धरा पर बढ़ती जनसंख्या और अपने जीवन स्तर के उन्नयन की मनुष्य की लगातार बढ़ती आकांशा के फलस्वरूप नये-नये तकनीकी आविष्कार हुए हैं। इन सभी आविष्कारों और नवाचारों ने जीवन को अधिक आरामदेय तो बना दिया, लेकिन इसके बदले, भोजन, वायु, जल खनिज एवं ऊर्जा की मांग बढ़ गई है। किन्तु इन नवीकरण की पृथ्वी की क्षमता सीमित होने के कारण ये संसाधन भी सीमित है।

वर्तमान में हमारे इस जीवमण्डल के प्राकृतिक संसाधनों का तेजी से क्षरण ने यहाँ वैश्विक जलवायु में गम्भीर परिवर्तन किये हैं, जो मानव एवं अन्य प्राणी जातियों के अरित्व पर गम्भीर प्रभाव पड़े हैं। जलवायु परिवर्तन के प्रति अनुकूल नहीं हो पाने के कारण डायनासोर व अन्य जीव अपना अस्तित्व न बचा सके हैं। प्राकृतिक, मशीनी व नृवैज्ञानिक प्रक्रियाओं जैसे कार्बन डाइआक्साइड, मीथेन आदि ग्रीन हाउस गैसों के कारण जीव मण्डल की जलवायु में हुए दीर्घ कालिक परिवर्तनों को जलवायु परिवर्तन कहा जाता है। ये गैस वायुमण्डल में जमा होकर तापमान को बढ़ाती है और इससे जलवायु में परिवर्तन होता है।

ऋतु परिवर्तन, वैश्विक तापमान वृद्धि, समुद्र स्तर में वृद्धि, फसल चक्र में परिवर्तन, आदि अन्य जलवायु परिवर्तन न केवल हमारे बल्कि हमारे बच्चों और बच्चों के बच्चों के लिये भी भूस्खलन, सूनामी, महामारी, पलायन एवं स्वास्थ्य के लिये बड़ी आपदायें हैं।

अतः इस विषय पर महात्मा गाँधी जी ने कहा था, कि "धरती पर सभी की आवश्यकताओं के लिये पर्याप्त संसाधन है, उनके लालच के लिये नहीं," भविष्य की रक्षा करने व भावी पीड़ा को प्राकृतिक विरासत सौंपने के लिये पूरा विश्व एक साथ आ रहा है, इसलिये हम ऐसी दुनिया बनाने की आशा कर रहे हैं जहाँ हर किसी की आवश्यकता के लिये संसाधन तैयार कर सके।

जलवायु वैज्ञानिकों का कहना है कि हाल के वर्षा में जिस तेजी से भारत में जलवायु परिवर्तन हो रहा है उतनी तेजी से पिछले 100 वर्षों में कभी नहीं हुआ। यहाँ के वर्तमान कार्बन उत्सर्जन की दर को देखते हुए वैज्ञानिकों ने अंदेशा जताया है कि वर्ष 2030 तक भारत का औसत तापमान लगभग 1° बढ़ जायेगा। यदि जलवायु परिवर्तन का यहि हाल रहा तो गर्मियों में भारत के उतर में कश्मीर व उत्तराखण्ड में हिम नहीं दिखायी देंगे। इस प्रकार यदि जीवमण्डल में मौजूद कार्बन-डाइऑक्साइड की मात्रा को कम करने के लिये समय रहते

कारगर कदम नहीं उठाये गये तो यहाँ की नदियों का जल स्तर बढ़ेगा, भयंकर आंधियाँ, तूफान, बाढ़, के साथ-साथ असहनीय गर्मी यहाँ के लोगों को झेलनी होगी।[31]

भारत एक चतुर्भुजाकार की आकृति में 8˚4'' उत्तरी अक्षांश से 37˚6'' उत्तरी अक्षांश तक एवं 68˚7'' पूर्वी देशान्तर से 97˚25'' पूर्वी देशान्तर के बीच विस्तृत है। इस क्षेत्र की जलवायु उष्ण कटिबंधीय मानसूनी प्रकार की है। इस क्षेत्र में उत्तर व उत्तर पूर्व, द. एवं दक्षिण पूर्व तथा मध्य भाग वर्तमान में जलवायु परिवर्तन के फलस्वरूप ताप वृद्धि के कारण बाढ़ एवं नयी-नयी बिमारियों की चपेट में आ रहे हैं। इन सब समस्याओं की वजह जलवायु परिवर्तन के कारण बढ़ता तापमान है।[32] जलवायु परिवर्तन से विकास की गति के लिये बड़ा खतरा अब भारत में भी उत्पन्न हो गया है। इसका पहला चरण यहाँ बाढ़, सूखा, गर्म हवाएँ, चक्रवात, आंधी, समुद्र की लहरें आदि है और वहीं दूसरे कारण (अवसंरचना, दायरा और सेवाओं) परितंत्रो का क्षरण या बदलाव, खाद्यान्न उत्पादन में गिरावट, जल उपलब्धता की कमी तथा आजिविका पर नकारात्मक प्रभाव आदि हैं। इसका कारण लोगों की प्राकृतिक और मानव जनित आपदाओं की चपेट में आने की आशंकाएँ बढ़ रही है।

अतः भारत में जलवायु परिवर्तन से बढ़ती समस्याओं के निस्तारण हेतु संयुक्त राष्ट्र महा सभा की 70वीं वर्ष गाँठ पर अमेरिका में बोलते हुए मोदी जी ने पर्यावरण का जिक्र करते हुए कहा कि अगर हम जलवायु परिवर्तन की चिन्ता करते हैं तो यह हमारे नीजि सुख को सुरक्षित करने की बू आती है, लेकिन यदि हम क्लाइमेट जस्टिस की बात करते हैं, तो गरीबों को प्राकृतिक आपदाओं से सुरक्षित रखने का एक संवेदनशील संकल्प उभरकर आता है। क्योंकि जलवायु परिवर्तन का दुष्प्रभाव सबसे ज्यादा इन्हीं निर्धन व वंचित लोगों पर होता है। जब प्राकृतिक आपदा आती है, तो ये बेघर हो जाते हैं, जब भूकम्प आता है, तो इनके घर तबाह हो जाते है।[33]

जब सूखा पड़ता है उसका भी सबसे ज्यादा प्रभाव इन्हीं लोगों पर होता है, इसीलिये मैं मानता हूँ कि चर्चा जलवायु परिवर्तन की बजाए जलवायु न्याय पर हो। अतः हमें क्लाइमेट चेंज की चुनौती से निपटने में उन समाधानों पर बल बल देने की आवश्यकता है, जिनसे हम अपने उद्देश्यों को प्राप्त करने में सफल हो सके। साथ ही एक ग्लोबल एजुकेशन प्रोग्राम शुरू करने की आवश्यकता है, जो हमारी अगली पीढ़ी को प्रकृति के क्षरण एवं संवर्धन के लिये तैयार कर सके क्योंकि ऐसा किये बिना शान्ति, न्यायोचित व्यवस्था और सतत विकास सम्भव नहीं हो सकता है।

भारत में पिछले कुछ वर्षों की समस्या को गौर से देखा जाये तो जलवायु परिवर्तन का प्रभाव प्रत्यक्ष दिखाई देने लगा है। जैसे अगस्त 2010 को लेह शहर बादल फटने के कारण तबाह हो गया था। इस कहर में 200 लोग मरे थे, एक घन्टे के अन्दर 250 मिली. मीटर की बारिश हुए थी, जून 2013 में उत्तराखण्ड में बारिश से महात्रासदी, सितम्बर 2014 में

जम्मू-कश्मीर ने 60 वर्षों की सबसे भयानक बाढ़ के अभिशाप को झेला जिसमें छःलाख लोग प्रभावित हुए और लगभग 200 से ज्यादा लोग मरे।[34]

जलवायु परिवर्तन के कारणः- जलवायु परिवर्तन के कारणों को दो भागों में बाँटा जा सकता है

(1) प्राकृतिक कारण

(2) मानवीय कारण

प्राकृतिक कारणः- जलवायु परिवर्तन के लिये अनेक प्राकृतिक कारक उत्तदायी हैं, इनमें से प्रमुख महाद्वीपीय प्लेटों का खिसकन, ज्वालामुखी, समुद्री तरंगे भूकम्प आदि।

मानवी कारणः- मानवीय कारकों का जलवायु परिवर्तन में एक अहम सेल है। मानव अपनी क्रिया-कलापों के द्वारा जलवायु में परिवर्तन करता है। इसके प्रमुख कारण ग्रीन हाऊस, उद्योग धन्धे, परमाणु परीक्षण, रायायनिक पदार्थों का उपयोग, संसाधनो का विदोहन एवं ओजोन ह्वास आदि है।[35]

ग्रीन हाउसः- मानव द्वारा कोयला, पेट्रोल आदि जीवाश्म ईंधन का अत्याधिक उपयोग करने एवं वन विनाश, और अपघटित न होने वाले पदार्थ अर्थात प्लास्टिक का प्रयोग, रासायनिक उर्वरक, कीटनाशक के प्रयोग ग्रीन हाउस को उत्पन्न करते हैं।

उद्योग-धन्धेः- मानव अपने स्वयं के विकास के लिये अनेक क्रिया-कलाप करता है। इनमें उद्योग-धन्धे, फैक्ट्रियां आदि का निर्माण करता है तथा इनसे निकलने वाली गैसें व अपशिष्ट वातावरण में परिवर्तन उत्पन्न करती है, जो जलवायु परिवर्तन में सहायक है।

परमाणु परिक्षणः- मानव द्वारा समय-समय पर परमाणुओं का परिक्षण किया जाता है। इसका प्रभाव लम्बे समय तक रहता है, जो जलवायु परिवर्तन में अपना योगदान देते हैं।

रासायनिक पदार्थों का उपयोगः- रासायनिक खाद व उर्वरक तथा कीटनाशक अत्यधिक उपयोग के कारण इनसे निकलने वाली विषैली गैसें जलवायु परिवर्तन में महत्त्वपूर्ण भूमिका निभाती है।

संसाधनों का विदोहनः- प्राकृतिक प्रदत उपहार को मानव अविवेक पूर्ण नीति से विदोहन कर रहा है, जो कि प्रकृति द्वारा स्थापित सन्तुलन में व्यावधान उत्पन्न करता है, जो जलवायु परिवर्तन के लिये जिम्मेंदार है।[36]

भारत में जलवायु परिवर्तन का प्रभावः- जलवायु परिवर्तन से मानव पर नकारात्मक प्रभाव

पड़ता है। 19वीं सदी के बाद भारतीय धरा के सकल तापमान में 0.5° से 1 डिग्री तक की बढ़ोतरी दर्ज की गई है। ये तापमान में वृद्धि केवल बड़े पैमाने पर मामूली लग सकती है, लेकिन ये आगे चलकर महाविनाश का आधार ले सकती है।[37]

खेती/कृषिः- बढ़ती जनसंख्या के कारण भोजन की निरन्तर बढ़ती मांग में वृद्धि हो रही है। इससे प्राकृतिक संसाधनों पर दबाव बढ़ता जा रहा है। जलवायु परिवर्तन का सीधा प्रभाव भारतीय कृषि पर पड़ रहा है। क्योंकि तापमान, वर्षा, आद्रता इत्यादि में बदलाव हुआ, जो कि मिट्टी की क्षमता को प्रभावित कर रहा है एवं इससे विषाणु फैलाने वाले जीव व बिमारियाँ उत्पन्न हो रही है, जो मिट्टी की उर्वरा शक्ति को धीरे-धीरे क्षीण कर रही है।

मौसमः-

मौसम गर्म होने पर वर्षा का चक्र प्रभावित होता है। इससे यहाँ बाढ़ या सूखे का खतरा बढ़ रहा है, अभी हाल में उत्तर प्रदेश, राजस्थान, बिहार व पं. बंगाल में भीषण बाढ़ आयी, उत्तराखण्ड में गर्म मौसम की वजह से हिमखण्ड पिघल रहे हैं। आये दिन उत्तरी भारत में बादल फट रहे हैं। जो जलवायु परिवर्तन का प्रभाव है।

समुद्र के जलस्तर में वृद्धिः- जलवायु परिवर्तन का एक अन्य प्रमुख कारक है, समुद्र के जलस्तर में वृद्धि। समुद्र के गर्म होने, बर्फ के पिघलने से यह अनुमान लगाया जा रहा है कि आने वाली सदी में अन्तर समुद्र के जलस्तर में 1/2 मीटर की वृद्धि हो जायेगी। इससे अनेक दुष्परिणाम सामने आयेंगे। जैसे तटीय क्षेत्रों की बर्बादी, बाढ़, मिट्टी अपरदन, खारे पानी की वृद्धि इत्यादि से भारत के दक्षिणी भाग के तटीय जीवन अस्त-व्यस्त हो जायेगा एवं यहाँ खेती, पेय जल, मत्स्य पालन व मानव बसाव तहस नहस हो जायेगा।

स्वास्थ्यः- वैश्विक ताप का भारतीय मानव जाति के स्वास्थ्य पर सीधा असर होगा। इससे गर्मी से सम्बन्धित बीमारियों, निर्जलीकरण, संक्रमक बिमारियों के प्रसार, कुपोषण एवं मानव स्वास्थ्य पर बुरा प्रभाव पड़ेगा।

जंगल और वन्य जीवः- प्राणी व पशु प्राकृतिक वातावरण में रहते हैं। ये जलवायु परिवर्तन के प्रति काफी संवेदनशील होते हैं। यदि जलवायु में परिवर्तन का ये दौर इसी प्रकार से चलता रहा तो भारतीय सर जमीन से काफी पशु-पक्षी विलुप्त हो जायेंगे तथा कुछ विलुप्त हो भी गये हैं।[38]

☙❧

[1] जलवायु विज्ञान – डॉ सविन्द्र सिंह।
[2] जलवायु विज्ञान – डॉ सविन्द्र सिंह।

[3] जलवायु विज्ञान – डॉ सविन्द्र सिंह |

[4] पू० में० – श्लोक – 2 |

[5] जलवायु विज्ञान – डॉ सविन्द्र सिंह, पृ० 153 |

[6] जलवायु विज्ञान – डॉ सविन्द्र सिंह |

[7] पू० में० – श्लोक – 14 |

[8] जलवायु विज्ञान – डॉ सविन्द्र सिंह |

[9] जलवायु विज्ञान – डॉ सविन्द्र सिंह |

[10] जलवायु विज्ञान – डॉ सविन्द्र सिंह |

[11] पू० में० – श्लोक – 16 |

[12] पू० में० – श्लोक – 17 |

[13] पू० में० श्लोक – 12 \

[14] अमुं शैलं चित्रकूतम् – पू० में० |

[15] कालिदास का भारत – भगवत शरण उपाध्याय पृष्ठ – 31 |

[16] पू० में० – 1 |

[17] “स्थानादत्स्मात्सरसनिचुलादत्पतोङ्मुखः खं” पू० में० – 14 |

[18] वहि० 24 |

[19] गूगल विकिपीडिया |

[20] त्वामासारप्रशमितवनोपप्लव साधुमूर्ध्ना,
वक्ष्यात्यध्वश्रमपरिगतं सनुमानाम्रकूट; ० पू० में० – 17 |

[21] पू० में० |

[22] पू० में० – श्लोक – 17 |

[23] पू० में०, श्लोक – 19 |

[24] “महेन्द्रो मलयः सह्दाः शुक्तिमान् ऋक्षपर्वतः,
विन्ध्यश्च पारियात्रश्च सप्तैते कुलपर्वताः” ||
मार्कण्डेयपुराण 57, 10-11 |

[25] वराहपुराण, अ० 85 |

[26] “रेखां द्रक्ष्यस्युपलविषमे विन्ध्यपादे विशीर्णा”
पू० में०, श्लोक – 19 |

[27] मेघदूतम् – डॉ विजेन्द्र कुमार शर्मा, टिप्पणी, पृ० 34 |

[28] पू० में० – श्लोक – 19 |

[29] स्कन्दपुराण |

[30] पूर्वमेघ – श्लोक 14 |

[31] भूगोल और आप, मार्च-अप्रैल 2012, अंक-61, पृ. सं. 10-11

[32] जनपद मेरठ अर्थ-सांख्यिकीय पत्रिका 2013, पृ. सं.-35

[33] The Rohilkhand Geographical Journal of Indian Vol. XVIII, July 2015, pp: 160-162

[34] रघुवंशी, डॉ. अरूण, रघुवंशी चंद्रलेखा: पर्यावरण प्रदूषण, म. प्र. हिन्दी ग्रन्थ अकादमी, भोपाल

[35] सिंह, डॉ. पी. एन.: पारिस्थितिकी परिचय, हिन्दी ग्रन्थ अकादमी, जयपुर 2012, पृ. सं.-8

[36] श्रीवास्तव, गोपीनाथ: पर्यावरण प्रदूषण (2007), पृ. सं. 12-13

[37] पर्यावरण विकास: सी. ई. पी. आर. डी. के अंक |

[38] डॉ. प्रसाद अनिरूद्ध, पर्यावरण संरक्षण विधि की रूप रेखा, सेन्ट्रल लॉ पब्लिकेशन, इलाहाबाद 2009, पृ. सं.-130

5

मेघदूतम् का साहित्यिक विवेचन

संस्कृत में कालिदास कृत मेघदूतम् का साहित्यिक विवेचन करने से पूर्व 'साहित्य' क्या है यह जान लेना बेहद आवश्यक है –

<u>साहित्य-</u>

साहित्य मनुष्य के विचारो की अभिव्यक्ति का एक बहुत हि प्रमुख माध्यम है | यह अपने ज्ञान के अमृत से समाज एवं संस्कृत दोनो को सार्थक दिशा देने का एक सशक्त पर्याय है | साहित्य के द्वारा मनुष्य की आत्मा और बुद्धि निर्मल होती है |

यदि संक्षेप में कहा जाय तो 'साहित्य' शब्द, अर्थ तथा भावनाओं की ऐसी त्रिवेणी है जो जनहित की धारा के साथ-साथ उच्च आदर्शों की दिशा में प्रवाहित है | साहित्य की सबसे बड़ी सुन्दरता यह है कि इसमे 'मैं' शब्द की कोई जगह नहीं है | क्योकि जब साहित्य की गंगा बहती है तो इसमे समस्त आम जन लाभान्वित होते है |

ऋग्वेदकाल से ले कर आज तक संस्कृत भाषा के माध्यम से सभी प्रकार के वांग्य का निर्माण होता आ रहा है | हिमालय से लेकर कन्याकुमारी के छोर तक किसी न किसी रूप में संस्कृत का अध्यन अध्यापन अब तक होता चला आ रहा है | भारतीय संस्कृति और विचारधारा का माध्यम हो कर भी यह भाषा अनेक दृष्टियों से धर्मनिरपेछ (सेक्युलर) रही है | इस भाषा में धार्मिक, साहित्यिक, अध्यात्मिक, दार्शनिक आदि प्रायः समस्त प्रकार के वांग्य की रचना हुई |

संस्कृत भाषा का साहित्य अनेक अमूल्य ग्रन्थरत्नों का सागर है, इतना समृध्य साहित्य किसी भी दूसरी प्राचीन भाषा का नहीं और न हि किसी अन्य भाषा की परम्परा अवछिन्न प्रवाह के रूप में इतने दीर्घ काल तक रहने पाई है | अति प्राचीन होने पर भि इस भाषा का सृजनशक्ति कुंठित नहीं हुई, इसका धातु-पाठ नित्य नये शब्दों को गढ़ने में समर्थ रहा है |

विश्व साहित्य की पहली पुस्तक 'ऋग्वेद' इसी भाषा का देदिव्यमान रत्न है |

कालिदास ने रघुवंश के आरंभ में शिव और पार्वती के संपृक्त या मिलित रूप को वाक् और अर्थ के साथ-साथ रहने के भाव (साहित्य) के साथ तुलनीय माना है | उन्होंने स्वंय 'साहित्य' शब्द का प्रयोग तो नहीं किया पर संपृक्त[1] या संपर्कयुक्त कहकर उसी भाव की ओर संकेत किया है, जिसे बद में साहित्य कहा जाने लगा | कब से इस शब्द का प्रयोग चला यह निश्चित रूप से नहीं कहा जा सकता | 'भर्तृहरि' ने इस शब्द का प्रयोग अवश्य किया था-

साहित्य[2] सङ्गीत कला विहीनः साक्षात्पशुः पुच्छविषाणहीनः |
तृणं न खादन्नपि जीवमानःतद्भागधेयं परमं पशूनाम् ||

बाद में तो व्यापक रुप से इसका प्रयोग उन रचनात्मक कृतियों के अर्थ में होने लगा है जिनमें शब्द के माध्यम से वह अंतर्जगत की उस भावराशि को प्रकाशित करता चाहता है जो किसी एक व्यक्ति के दुख-सुख से संबद्ध होकर भी मनुष्य के समष्टि चित्र को आंदोलित, मथित और चालित करती है | कदाचित् आज से एक सहस्त्राब्दी या उससे भी अधिक पुराने आचार्य कुन्तल ने इस शब्द को एक निश्चित अर्थ में अभिव्यक्त करने का प्रयास किया था| प्रयास इसलिए कह रहा हूं कि उन्होंने इस शब्द का काव्य को समझने के लिए गौण रूप में ही व्यवहार किया था| वह कहना चाहते थे कि शब्द और अर्थ की परस्परस्पर्धी चारुता का साथ-साथ रहने का जो भाव है- साहित्य है- वही काव्य है शब्द और अर्थ की परस्परस्पर्धी चारुता या एक दूसरे से होड़ लगाकर चलने और फिर भी साथ साथ रहने की प्रवित्ति को काव्य कहना उचित ही था, क्योंकि केवल शब्द काव्य नहीं हो सकता| वह कितना भी सुंदर क्यों ना हो वीणा और बंसी की धुन को हम कभी भी काव्य नहीं कहते| इसी प्रकार केवल अर्थ वह चाहे कितना भी सुंदर क्यों ना हो, काव्य नहीं कहा जा सकता, शृंगार रस का मनोहर से मनोहर मूक अभिनय काव्य नहीं कहा जाता सदैव शब्द और अर्थ दोनों का साहित्य आवश्यक है और उनका सुंदर होना भी जरूरी है| 'घड़ा' शब्द बोलते ही मिट्टी की एक विशेष आकृति वाला अर्थ-पदार्थ- उपस्थित हो जाता है| यह शब्द और अर्थ का साहित्य तो है पर इसमें परस्पर चारुता नहीं है| इसलिए शब्दार्थ साहित्य होते हुए भी यह काव्य भी नहीं कहा जा सकता, जहां शब्द और अर्थ में, पद और पदार्थ में होड़ लग जाती हो कि कौन कितना सुंदर है -शब्द सुंदरता में अर्थ को मात दे रहा हो और अर्थ शब्द को मात दे रहा हो, ऐसे ही परस्परस्पर्धी चारुता साहित्य को कुंतल काव्य कहना चाहते थे, बाद में साहित्य शब्द रचनात्मक कृतियों का नाम हो गया और आगे चलकर तो वह काव्य से अधिक व्यापक अर्थ का सूचक हो गया |

शब्द और अर्थ मनुष्य के सामाजिक संबंधों के प्रतीक है इनका संबंध तभी स्थाई और ग्राह्य होता है जब उसे समाज के समष्टि चिति की स्वीकृति मिल जाए, यह स्वीकृति समाज के मान्य व्यक्तियों के माध्यम से प्राप्त होती रहती है, उन्हें हम वैयाकरण, कोशकार, कवि, नेता आदि के रूप में जानते हैं, यह लोग समाज के समष्टि चिति की स्वीकृति पहले से प्राप्त किए होते हैं, यह मध्यम आश्रित स्वीकृति समष्टि चिति के विकास की एक निश्चित प्रक्रिया है, शब्द और अर्थ की चारुता भी समष्टि चिति की स्वीकृति की अपेक्षा रखती है |

सौन्दर्य केवल चाक्षुष विषय नहीं है, उसकी स्वीकृति चेतना के विभिन्न स्तरों पर अपेक्षित होती है, सब बात वाणी से ही नहीं कही जाती, पर जो भी तत्व कुछ अर्थ प्रकट कर जाये उसे वक् या वचन कहा जाता है, वक् या वचन वह है जो अर्थ सूचित करें, मालविका ने भाव-मनोहर नृत्य किया था, उसके अंगो के संचालन से गीत का अर्थ स्पष्ट हुआ था, कालिदास ने इन अंगों को अन्तरनिहित वचन कहा है, जो बोलते तो नहीं पर सारी अर्थ सूचित कर देते हैं, वचन जिनमे भीतर ही भीतर छिपा हुआ है, जो कुछ अभिव्यक्ति का माध्यम है वह वाक्य और जो कुछ भी इस अर्थ से प्रकाश्य है वह अर्थ है, यह सारा संसार ही यहां देवता का रचित काव्य है, वैदिक ऋषि ने कहा था,'पश्य देवस्थ काव्यं न विभेति न ऋष्यति'| सो वाक्य का प्रयोग बड़े बिस्तर में किया गया है, यहां तक कि सारा विश्व वॉक है और इसी से अभिव्यक्त अर्थ अपनी शक्ति के अनुसार हम ग्रहण कर रहे हैं, सारा विश्व वक् और अर्थ की संपृक्तता का लीला है, पार्वती शिव की लीला-सखि है, यहा लोक रचना उनकी क्रीडा है, चिन्मय शिव उनके सखा है, सदानंद उनका आहार है और वक् और अर्थ आश्रयभूमि सज्जन हृदय हि उनका निवास है-

क्रीडा ते लोकरचना सखा ते चिन्मय: शिवः |

आहारस्ते सदांदो वासस्ते हृदयं सताम् ||[3]

मेघदूतम् महाकवि कालिदास द्वारा रचित विख्यात दूतकाव्य है। इसमें एक यक्ष की कथा है जिसे कुबेर अलकापुरी से निष्कासित कर देता है। निष्कासित यक्ष रामगिरि पर्वत पर निवास करता है। वर्षा ऋतु में उसे अपनी प्रेमिका की याद सताने लगती है। कामार्त यक्ष सोचता है कि किसी भी तरह से उसका अल्कापुरी लौटना संभव नहीं है, इसलिए वह प्रेमिका तक अपना संदेश दूत के माध्यम से भेजने का निश्चय करता है। अकेलेपन का जीवन गुजार रहे यक्ष को कोई संदेशवाहक भी नहीं मिलता है, इसलिए उसने मेघ के माध्यम से अपना संदेश विरहाकुल प्रेमिका तक भेजने की बात सोची। इस प्रकार आषाढ़ के प्रथम दिन आकाश पर उमड़ते मेघों ने कालिदास की कल्पना के साथ मिलकर एक अनन्य कृति की रचना कर दी।

मेघदूत की लोकप्रियता भारतीय साहित्य में प्राचीन काल से ही रही है। जहाँ एक ओर प्रसिद्ध टीकाकारों ने इस पर टीकाएँ लिखी हैं, वहीं अनेक संस्कृत कवियों ने इससे प्रेरित होकर अथवा इसको आधार बनाकर कई दूतकाव्य लिखे। भावना और कल्पना का जो उदात्त प्रसार मेघदूत में उपलब्ध है, वह भारतीय साहित्य में अन्यत्र विरल है। नागार्जुन ने मेघदूत के हिन्दी अनुवाद की भूमिका में इसे हिन्दी वाङ्मय का अनुपम अंश बताया है।

मेघदूतम् काव्य दो खंडों में विभक्त है। पूर्वमेघ में यक्ष बादल को रामगिरि से अलकापुरी तक के रास्ते का विवरण देता है और उत्तरमेघ में यक्ष का यह प्रसिद्ध विरहदग्ध संदेश है जिसमें कालिदास ने प्रेमीहृदय की भावना को उड़ेल दिया है। कुछ विद्वानों ने इस कृति को कवि की व्यक्तिव्यंजक (आत्मपरक) रचना माना है। "मेघदूत" में लगभग ११५ पद्य हैं, यद्यपि अलग अलग संस्करणों में इन पद्यों की संख्या हेर-फेर से कुछ अधिक भी मिलती

है। डॉ॰ एस. के. दे के मतानुसार मूल "मेघदूत" में इससे भी कम १११ पद्य हैं, शेष बाद के प्रक्षेप जान पड़ते हैं।

कालिदास का मेघदुतम् संस्कृत साहित्य का अमूल्य ग्रन्थ है और यह एक समृद्ध साहित्य का उदाहरण है, साहित्य 'कान्ता' सम्मित उपदेश देता है- "कान्तासम्मितयोपदेशयुजे"[4]अर्थात कालिदास का मेघदूत भी 'कान्ता' के सामान उपदेश देने वाला है, पूर्वमेघ में अनेकसह स्थलाकृतियाँ, पर्वत, पठार एवं जलवायु के साथ साथ मेघमार्ग को प्रदर्शित किया, अर्थात कालिदास ने भूगोल का बड़ा हि अच्छा ज्ञान श्लोको के माध्यम से प्रस्तुत किया है, साहित्य के माध्यम से भूगोल का ज्ञान एक अनूठी प्रक्रिया है, साथ ही उन्होंने उत्तरमेघ में अलकापुरी का बड़े ही भावविभोर कर देने वाले सुन्दरता का वर्णन किया है I

साथ हि साथ रासो का राजा श्रृंगार विप्रलम्भ श्रृंगार का हि विवेचन है, चूकि आ॰ विश्वनाथ ने रस को इतनी प्रधानता दी है कि उन्होंने अपने काव्य के लक्षण में रस की आत्मा तक की संज्ञा प्रदान की है – "वाक्यं रसात्मकं काव्यम्"[5]समस्त साहित्यकारो एवं कवियों ने साहित्य एवं की जो विशेषताए बताई है वो सभी विशेषताए कालिदास के मेघदूत में पहले से हि है, इस काव्य में भावो की गरिमा, विचारो की महिमा, कल्पना की कमनीयता,हृदय की विशदता, भाषा की प्रांजलता, अनुभूतियो की संवेदनशीलता, भाषा की मधुरिमा, विप्रलम्भ श्रृंगार की सात्विकता एव सघनता, अलंकारो की इन्द्रधनुषी छठा और मन्दाक्रान्ता की मन्थर गति नवपरिधाना का सा लावण्य है, मेघदूत की शैली वैदर्भी है I इसमें सरस पदावली और प्रसादिकता का समन्वय है I

मेघदूत के भावपक्ष पर ध्यान केन्द्रित करने पर "वाक्यं रसात्मकं काव्यम्" सिद्ध हो जाता है | इस पद्य में निर्विन्ध्या नदी को मेघ की प्रेयसी बताया गया है-

"वीचि क्षोभस्तनितविहगश्रेणिकाञ्चीगुणायाः''[6] उसकी मेखला पक्षियों के कलरव के रूप में ध्वनित हो रही है | भँवर के रूप में नाभि दिखाई दे रही है, गति धीमी हो रही है, उसके ऊपर उतरकर मेघ रस लेगा क्योकि स्त्रियों के हाव-भाव ही प्रेमाभिव्यक्ति के पूर्वरूप होते है। भावो की मार्मिकता की दृष्टि से उत्तरमेघ अत्यंत ही विशिष्ट है, इसमें यक्ष और यक्षिणी दोनो की विरह दशा का चित्रण प्राप्त होता है, यक्षिणी की अवस्था अवश्य ही मेघ को रुदन पर विवश कर देने वाली है| मेघदूत में प्रकृति का चित्रण बाह्य प्रकृति के रूप में न हो कर मानवीय अनुभूतियो से संपन्न हुआ है, जो अपने हव-भाव से सभी रसिको को आकृष्ट करने की क्षमता रखता है इसमें मेघ एक ऐसे दूत के रूप में प्रस्तुत हुआ है जो कर्मनिष्ट विश्वसनीय, स्नेहपूर्ण, अनुज रसिक की तरह है, इसमें प्राकृति कई बार सुख-दुःख के भाव से परिपूर्ण हो कर हमारे सामने प्रस्तुत हुई है, इस लिए जब मेघ का मिलन पर्वत से बहुत दिन बाद होता है तो वह उष्ण अश्रुजल छोंडकर अपने प्रेम की अभिव्यक्ति करता है, इसमें मेघ और पर्वत का सौहार्द मनोरम बन पड़ा है-

काले काले भवति भवतो यस्य संयोगमेत्य |

स्नेहव्यक्तिश्चिरविरहजं मुञ्चतो वाष्पमुष्णम्[7]॥

मेघदूत में कालिदास ने मेघ और नदियों को नायक नायिका के रूप में चित्रण किया है, मेघ नदियों के हाव भाव पर आकर्षित हुआ है, उनसे प्रेम करता है, रमण करता है और उनकी कामना पूर्ण करता है, सिंधु नदी जब वियोग ने हो कृश गई है, तो उसे प्रेमजल दे कर संतुष्ट करता है |

उत्तरमेघ में भी अलका नगरी की प्राकृतिक सुषमा के प्रसंग में सदा सभी ऋतुओं के सुलभ होने की कल्पना कवि ने की है, जिसमें के पदार्थों षड्ऋतुओं के पदार्थों का उपयोग वहां की सुंदरियां करती है, अलका के सुंदरियों के हाथ में शरद ऋतु का लीलाकमल केशो में ताजे कुंद के फूलों का ग्रंथन मुख पर शिशिर रितु में खिलने वाले लोद्र पुष्प का प्राग लगने से पाण्डुता, जुडो में वसंत के कुर्बक पुष्प की सजावट, कानों में ग्रीष्मकालीन शिरीष का पुष्प और मांग में वर्षा कालीन कदंब का पुष्प सदैव सुशोभित होता है |

<u>मेघदूत : काव्य कला</u> –

महाकवि कालिदास भारतीय साहित्य के देदिव्यम्मान नक्षत्र कवि है | महर्षि अरविन्द का यह कथन कितना सटीक है कि 'वाल्मीकि व्यास' तथा कालिदास प्राचीन भारतीय इतिहास की अंतरात्मा के प्रतिनिधि है और सब कुछ नष्ट हो जाने के बाद भी इनकी कृतियों में हमारी संस्कृति के प्राणतत्व सुरक्षित रहेंगे, उन्होंने अपनी कृतियो में 'सत्यम शिवम सुंदरम्' का सामंजस्य स्थापित किया है| वे विश्व के एक महान कलाकार है, वे भावपक्ष और कलापक्ष दोनों के चित्रण में निपुण है, उन्होंने अपनी रचनाओ में जितना सुंदर वर्णन अन्तर्जगत का किया है उतना ही सुंदर वर्णन बाह्य जगत् का भी कालिदास की उत्तरवर्ती रचनाओं में बाह्य पक्ष तो सजता सवरता चला गया, किन्तु आंतरिक पक्ष की कोमलता और मार्मिकता का हास होता गया, रस,अलंकर,छंद,भाव की अभिव्यक्ति आदि का वर्णन ही कालिदास की कविता के प्राण है, इनकी काव्यकला के विभिन्न पक्षों पर आगे विचार किया जा रहा है-

• <u>भाषा</u> –

कालिदास का भाषा पर पूर्ण अधिकार है उनकी भाषा सरल-सरल परिस्कृत प्रांजल तथा प्रसादगुण पूर्ण है, तथा उन्हींने लम्बे-लम्बे समासो से बचने का प्रयास किया है, प्रायः छोटे –छोटे समासो का प्रयोग एवं कही भी पांडित्य प्रदर्शन का प्रयास नहीं है, इसी कारण दुरूह प्रयोगों का आभाव है-

जातं वंशे भुवनविदिते पुष्करावर्तकानां
जानामि त्वां प्रकृतिपुरुषं कामरूपं मघोनः।
तेनार्थित्वं त्वयि विधिवशादूरबन्धुर्गतो हं
याण्चा मोघा वरमधिगुणे नाधमे लब्धकामा॥[8]

शब्द और अर्थ का सामंजस्य वर्णित करना कवि की अपनी प्रमुख विशेषता है' किस शब्द का प्रयोग करने से क्या प्रभाव अभिव्यक्त होते है इसे कालिदास अच्छी प्रकार से जानते है, इसका एक सुन्दर उदाहरण देखिये-

द्वयं गतं सम्प्रति शोचनीयतां

समागमप्राथनया कपालिनः |

कला च सा कान्तिमती कलावतः

त्वमस्य लोकस्य च नेत्रकौमुदी||[9]

कालिदास की सरल शब्द योजना उनकी कलात्मकता को व्यक्त करती है, वे जिस प्रकार के भाव का जिस स्थान पर प्रदर्शन करना चाहते है, उसके अनुकूल भाषा का ही प्रयोग करते है, स्थान-स्थान पर शब्दों की सरलता के साथ-साथ भावो की गंभीरता के भी दर्शन होते है, अभिज्ञानशाकुंतलम् का एक श्लोक देखिये-

अनाघ्रातं पुष्पं किसलयमालूनं कररूहै-

रानाविद्धं रत्नं मधु नवमनास्वदितरसम् |

अखण्डं पुण्यानां फलामिव च तदरूपमनघं

न जाने भोक्तारं कमिह समुपस्थास्यति विधिः ||[10]

उसके पास शब्दों का आघात भंडार है भाषा और शब्दकोश पर अधिकार के कारण भाषा में असाधारण मनोरमता और सुंदर प्रवाह है| संवाद सरल सुच्म तथा आकर्षक है| संवादों में भाषा इतनी सरल और मधुर है कि वह विषय को और अधिक आकर्षक एवं रोचक बना देती है, उनकी भाषा में कहीं भी आस्वाभाविकता के दर्शन नहीं होते, छोटे-छोटे और सरल वाक्यों के प्रयोग से शुच्म स्वभाव की अभिव्यक्ति की गई है, पात्रों के अनुकूल ही भाषा का प्रयोग किया गया है, जो व्यक्ति जिस कोटि का है उससे उसी प्रकार की भाषा बुलवाई गई है, अतः कह सकते हैं कि कालिदास की भाषा पर पकड बहुत ही मजबूत थी, जिसको वे अपनी इच्छा अनुसार ढाल लेते थे|

• <u>शैली</u> –

विश्व साहित्य में कालिदास ने जो प्रतिष्ठा अर्जित की है निस्संदेह उसका श्रेय उनकी शैली को है, कैसा भी नीरस से नीरस कथानक क्यों न हो, अपनी कल्पना सकती और सृष्टि निपुणता से उसको सजीव व आकर्षक बनाने की कला में वह निपुण है, उन्होंने अपनी कृतियों की कथा वस्तु प्राचीन आख्यान से लेकर उन्हें अपनी मनोरम कल्पना सकती द्वारा इस प्रकार सजाया है कि कथानक अत्यंत रमणीय बन गए हैं |

कालिदास ने वैदर्भी शैली को अपनाया है| कालिदास इस शैली के श्रेष्ठ कलाकार माने गए है – "वैदर्भी रीतिसन्दर्भे कालिदासो विशिष्यते" वैदर्भी शैली के प्रमुख विशेषता है – प्रसादगुण का होना| कव्यशास्त्रियो ने प्रसाद गुण का लक्षण इस प्रकार किया है –

शुश्केन्धनाग्निवत्स्वच्छजलवत् सहसैव यः |
व्याप्नोत्यात् प्रसादोऽसौ सर्वत्र विहित स्थितिः ||[11]

उनको इस प्रसाद युक्त शैली ने हि मूर्धन्य कवियों में पहुँचाया है| इस गुण से युक्त वैदर्भी का लक्षण 'आ० विश्वनाथ' ने इस प्रकार लिखा है –

माधुर्यव्यञ्जकैर्वर्णैः रचना ललितात्मिका |
अवृत्तिरल्पवृत्तिर्वा वैदर्भी रीतिरिष्यते ||[12]

मधुर शब्द, ललित पदविन्यास, समासो का पूर्णतया अभाव अथवा कम समासयुक्त पदों का होना हि वैदर्भी रीति की विशेषता है| 'आ० दंडी' तो कालिदास की वैदर्भी युक्त रचना शैली से बहुत प्रभावित हुए | उनकी मान्यता है की वैदर्भी रीति की उद्भावना कालिदास ने हि की है –

लिप्ता मधुद्रवेणासन् यस्य विविषया गिरः |
तेनेदं वर्त्म वैदर्भ कालिदासेन शोधितम् ||

कालिदास की शैली की सबसे प्रमुख विशेषता है – व्यंजना शक्ति | वे किसी भी भाव का चित्रण करते समय उसका विस्तृत शब्दों में वर्णन करने की अपेक्षा व्यंजन शक्ति का आश्रय लेकर उसकी ओर सुच्म संकेत करना ही उचित व आवश्यक समझते है | उनकी व्यंजन शक्ति को समझना सह्रदय व्यक्ति का हि काम है |

कालिदास की शैली में उनकी उत्कृट कला साधना पद-पद पर अभिलक्षित होती है | महर्षि अरविन्द की यह टिप्पणी कितनी सटीक है – "कालिदास मूर्धर्यन्य कलाकार है,उनकी कृतियों से निर्गत होने वाली ध्वनी वही ध्वनी है जो साहित्य की सर्वोत्तम रचनाओ में मिलती है| इस साहित्य की शैलीगत विशेषताएँ है – एक सुगठित किन्तु स्वाभाविक संक्षिप्तता, पद्यगत श्रेष्ठ स्वर-सामन्जस्य,

<u>रस</u>-

यद्यपि महाकवि कालिदास ने अपने सभी काव्यो में श्रृंगार रस का वर्णन किया है किन्तु अन्य सभी रासो का भी यथा स्थान वर्णन किया है, यह बात पूर्णतय: सत्य है की कालिदास श्रृंगार रस में सिद्धहस्त है, उनके काव्यो में श्रृंगार के दोनो पक्षों का सुन्दर परिपाक हुआ है, उन्होंने दोनो पक्षों को बड़ी ही भावुकता के साथ उभारा है, उनका श्रृंगारिक वर्णन पाठक की आत्मा को स्पर्श कर लेता है, श्रृंगार के संयोग का एक सुन्दर उदाहरण अभिज्ञानशाकुनतल में देखिये-

मधुद्विरफेः कुसुमैकपात्रे पापौ प्रियां स्वामनुवर्तमानः |
श्रृङ्गेण च स्पर्शनिमीलिताक्षीं मृगीमकण्डूयत कृष्णसारः ||[13]

सम्भोग की छलकती हुई मादकता पाठक के मन को किस प्रकार आकर्षित करती है, इसका बड़ा हि सुन्दर वर्णन कालिदास में अपने कुमारसंभव में किया है –

व्याह्यतं प्रतिवचो न संदधे गन्तुमैच्छदवलम्बितांशुका |
सेवते रम शयने पराङ्मुखी सा तथापि रतये पिनाकिनः ||[14]

अर्थात शिव के द्वारा कहने पर भी पार्वती कोई उत्तर नहीं दे रही, दुपट्टा खीचने पर भी जाना चाहती है, शय्या पर दूसरी ओर मुख करके लेटती है| इतने पर भी पार्वती शिव की रति को बढ़ा रही है |

कालिदास यह बात भी अच्छी प्रकार से समझते है कि स्त्रियाँ प्रारंभ में अपने प्यार को कह कर नहीं प्रकट करती, बल्कि अपने हाव – भाव द्वारा प्रकट करती है-

वीचिक्षोभस्तनितविहगश्रेणिकाञ्चीगुणायाः

संसर्पन्त्याः स्खलितसुभगं दर्शितावर्तनाभेः।

निर्विन्ध्यायाः पथि भव रसाभ्यन्तरः सन्निपत्य

स्त्रीणामाद्यं प्रणयवचनं विभ्रमो हि प्रियेषु।।[15]

गम्भीरा नदी चंचल चितवन के साथ जब मेघ से मिलती है तो भला वह उसे कैसे छोंड सकता है; क्योकि मेघ तो स्वाद को जानने वाला है –

तस्याः किंचित्करधृतमिव प्राप्तवानीरशाखं

नीत्वा नीलं सलिलवसनं मुक्तरोघोनितम्बम्।

प्रस्थानं ते कथमपि सखे! लम्बमानस्य भावि

शातास्वादो विवृतजघनां को विहातुं समूर्थः।।[16]

सम्भोग के उक्त बिन्दुओ का बौछार करके जहाँ कालिदास ने मेघ के मार्ग को सरल बनाया है वहीं वियोग की व्यंजन के लिए पृष्ठभूमि भी प्रस्तुत की है, वियोगिनी यक्षिणी की वियोग दशा का बड़ा ही मार्मिक चित्रण कवि ने किया है | यक्षिणी विरह – व्यथा से क्षीण शय्या पर उसी प्रकार एक करवट पर पडी हुई है जैसे पूर्व दिशा में कृष्ण पक्ष में क्षीण चन्द्रकला –

आधिक्षामां विरहशयने संनिषण्णैकपार्श्वां

प्राचीमूले तनुमिव कलामात्रशेषां हिमांशोः।

नीता रात्रिः क्षण इव मया सार्धमिच्छारतैर्या

तामेवोष्णैर्विरहमहतीमश्रुभिर्यापयन्तीम्।।[17]

इतनी हि नही अपितु उसने आभूषणो का भी त्याग कर दिया और बड़ी कठिनाई से जीवन धारण कर रही है और उसे देखकर मेघ भी रो पड़ेगा –

सा संन्यस्ताभरणमबला पेशलं धारयन्ती

शय्योत्सङ्गे निहितमसकृद् दुःखदुःखेन गात्रम्।

त्वामप्यस्त्रं नवजलमयं मोचयिष्यत्यवश्यं

प्रायः सर्वो भवति करुणावृत्तिराद्रन्तिरात्मा।।[18]

कालिदास रशो के सरश चित्रकार है, इसी कारण उन्हें रससिद्ध कवीश्वर की उपाधि से विभूषित किया गया है | महाकवि कालिदास ने श्रृंगार के अतिरिक्त वीर, हास्य, शान्त, वीभत्स आदि सभी रासो का वर्णन किया है | रघुवंश में प्रायः सभी रासो का परिपाक है | कुमारसंभव के रति- विलाप और रघुवंश के अज – विलाप को देखकर तो ऐसा लगता है

कि जैसे करुण रस की धारा फूट पडी हो| इन्दुमती के आकस्मिक निधन पर तो अज बेहोस होकर गिर पड़ते है | करुण रस की अभिव्यक्ति किसी भी दसा में श्रृंगार से कम नहीं है | काम देव के भस्म हो जाने पर रति विलाप करती हुई अग्नि से कहती है कि पत्नियों का धर्म है की वे पति के साथ चिता में जलकर उनका अनुगमन करे; क्योकि अचेतनो में भी यही धर्म देखा जाता है, फिर वह तो चेतन है –

शशिना सह याति कौमुदी सह मेघेन तडित् प्रलीयते |

प्रमदा: पतिवर्त्मगा इति प्रतिपन्नं हि विचेतनैरपि ||[19]

हास्य रस का प्रयोग करने में कवि निपुण है | कुमारसंभव में कितना शिष्ट हास्य का वर्णन मिलता है, जब वटु वेश धरी शिव कहते है की यदि पार्वती का विवाह शिव से हुआ तो बूढ़े बैल पर पार्वती को बैठा देख सभी लोग हँसेगे-

इयं च तेऽन्या पुरतो विडम्बना,[20]

वीर रस के वर्णन के लिए रघुवंश में रघु और राम के युद्ध देखे जा सकते है | अभिज्ञानशाकुंतल में भी जब दुष्यन्त राक्षसों पर विजय प्राप्त कर स्वर्ग से लौटते है तो उनके वीर यशोगान को देवता लोग कल्पलता के वस्त्रो पर लिख रहे है | यद्यपि कि यह निःसंदेह सत्य है कि महाकवि मुख्या रूप से कोमल एवं सुकुमार रसो के हि चतुर चित्रकार है, तथापि अद्भुत, शान्त, रौद्र, एवं वीभत्स रासो का वर्णन भी उन्होंने किया है

<u>छन्द</u> –

काव्य के उत्कर्ष में छन्द – योजना का भी अपना विशिट महत्व होता है | महाकवि क्षेमेन्द्र ने "सुवृत्ततिलक" में लिखा है कि काव्य में रस तथा वर्णनीय वस्तु के अनुसार छन्दो का सोच – समझ कर विनियोजन करना चाहिए –

काव्ये रसानुसारेण वर्णनानुगुणेन च |

कुर्वीत सर्ववृत्तानां विनियोगं विभागवित् ||

इस लिए महाकवि कालिदास ने कुछ निश्चित प्रसंगों के लिए कुछ निश्चित छन्दो का प्रयोग किया है, जिससे यह अनुमान लगाया जा सकता है कि वे विशेष भावों और रसो के लिए कुछ विशेष छन्दो का प्रयोग उचित समझते है; जैसे वियोग का या वर्षा का वर्णन करने में मन्दाक्रान्ता, वीरता के प्रकरण में वंशस्थ, कार्य की सफलता में वसन्ततिलका छन्द का प्रयोग किया है |

रघुवंश और कुमारसंभव के अध्ययन से ज्ञात होता है की उन्हें छोटे – छोटे छन्द अधिक पसन्द थे | उनमे भी उपजति और अनुष्टुप छन्द| इसका अभिप्राय यह है की बड़े छन्दो का प्रयोग उन्होंने कम हि करने का प्रयास किया है, सम्पूर्ण मेघदूत काव्य "मन्दाक्रान्ता" छन्द में लिखा है, इसका कारण यह है की इसका प्रारंभ वर्षा काल से होता है और उसमे विशेष रूप से प्रवास का वर्णन है, यद्यपि की कालिदास ने छन्दो के प्रयोग में बेहद सावधानी बरती है, 'ऋतुसंहार' में जहाँ उन्होंने वसन्ततिलका, उपजति और मालिनी छन्दो का अधिक प्रयोग किया है वही रघुवंश और कुमारसंभव में उपजाति, अनुष्टुप, वन्शस्थ और मालिनी छन्दो

का अभिज्ञानशकुन्तल के अध्यन से तो ऐसा जान पड़ता है कि जैसे उनके द्वारा प्रयुक्त रसो में छन्द योजना की शिक्षा दी गई हो, उन्होंने रघुवंश के कई सर्गो में एक से अधिक छन्दो का प्रयोग किया है, उदाहरण के लिए नवम् सर्ग देखा जा सकता है, जैसे –द्रुतविलंबित, वसन्ततिलिका, मालिनी, पुष्पितागा, प्रहर्षणी आदि |

इस पर 'डॉ रमाशंकर तिवारी' का कथन इस प्रकार से है 'वृत्तो की यह विविधता रघुवंश जैसे महाकाव्य की व्यापक वस्तु के सर्वथा उपयुक्त है ,

<u>अलंकार</u> –

महाकवि कालिदास ने यद्यपि शब्दालंकार और अर्थालंकार दोनों का प्रयोग किया है किंतु अधिकता अर्थालंकारों की ही है| अलंकार के प्रयोग में महाकवि ने बड़ी सूझ-बूझ का परिचय दिया है शब्दालंकारो का क्रम कभी कभी कवियों को इतना जकड़ लेता है कि मूलभाव तक तो एकदम गौंढ हो जाता है| कालिदास ने उनका प्रयोग बहुत थी स्वभाविक ढंग से किया है इस संबंध में 'स्व० श्री चंद्रशेखर पाण्डेय' का यह कथन कितना सटीक है कि " अलंकार के प्रयोग में कवि ने अपनी मर्मज्ञता का परिचय दिया है, उनकी कविता अत्यधिक तथा अनावश्यक अलंकारो के भार से आक्रान्त कामिनी की भांति मंद मन्थर गति से चलने वाली नहीं है, अपितु 'स्फुटचन्द्र तारका विभावरी' की भांति अपने सहज सौंदर्य से सहृदयो के चित को आकृष्ट करने वाली है, उनके अनुप्रास अपनी काव्यधारा में सर्वत्र अप्रयास ही आ गए हैं, कहीं भी जबरजस्ती ठूँस-ठूँस कर नहीं बैठाये गए हैं|[21]

यमक के प्रयोग से प्रायः काव्य के दुरूह होने के कारण ध्वनिकार ने विप्रलम्भश्रृंगार के वर्णन में यमक के प्रयोग को मना किया है, इसलिए कालिदास यमक का प्रयोग बहुत कम किया है, फिर भी यमक का प्रयोग रघुवंश के नवम् सर्ग में दशरथ की राज्यव्यवस्था, वसंत व ग्रीष्मऋतु वर्णन तथा आखेट वर्णन में देखे जा सकते हैं, यमक का यह कितना सुंदर उदाहरण है- छोड़ो बीती हुई वह अवस्था फिर लौट कर नहीं आती है इस प्रकार कोयल के कामोद्यीपक वचनों को सुनकर नायिका नायक से मिलने को आतुर हो उठती है-

त्यजत मानमलं वत विग्रहैर्न पुनरेति गतं चतुरं वयः|

परभृताभिरितीव विवेदिते स्मरमते रमते स्म वधूजनः||[22]

यमक के समान हे कालिदास ने श्लेष के प्रयोग में भी विशेष कौशल का परिचय दिया है, जिससे वह केवल कोरी बुद्धि का व्यायाम न होकर विविक्षितार्थ को सुंदर ढंग से व्यक्त करने में सहायक होता है, कालिदास के श्लेष आसानी से समझ में आ जाते हैं, 'मालविकाग्निमित्र' के पंचम अंक में विदूषक और देवी का प्रसंग कितना सुंदर बन पड़ा है| विदूषक राजा का ध्यान यौवन से खिली हुई 'मालविका' की ओर खींचना चाहता है, किंतु जब रानी उसके शब्दों को सुन लेती है तो उसका उत्तर देते हुए विदूषक श्लेष से दूसरा अर्थ करके उसका सम्बन्ध अशोक पुष्प से जोड़ देता है| देखिए-

विदूषक – भो! विश्रब्धो भूत्वा त्वमिमां यौवनवतीं पश्य |

देवी – काम् !

विदूषक – तपनीयाशोकस्य कुसुमशोभाम् ।

इस प्रकार उपर्युक्त उदाहरणों से स्पष्ट हो जाता है कि कालिदास की कविता अनुप्रास, यमक और श्लेष अलंकारो के सौन्दर्य से युक्त है ।

साद्दश्यमूलक अलंकारो में उपमा और अर्थान्तरन्यास के अतिरिक्त उत्प्रेक्षा, दृष्टांत, रुपक, अतिशयोक्ति आदि अलंकारों की छटा भी उनके काव्य को रमणीय बनाने वाली है, यद्द्यपि ऋतुसंहार जैसी उनकी प्रारंभिक रचनाओं में उत्प्रेक्षा का प्रयोग कम ही मिलता है, परंतु मेघदूत में तो मानो रसवर्षी एवं ललित उत्प्रेक्षाओ की झड़ी लग गई है, एक उदाहरण देखिए- पक्वफल भूषित आम्रो से ढका हुआ आम्रकूट पर्वत मेघ के साथ ऐसा दिखाई पड़ता है, जैसे पृथ्वी का स्तन हो-

छन्नोपान्त: परिणतफलद्योतिभि: काननाम्रै-

स्त्वय्यरूढे शिखरमचल: स्निग्धवेणीसवर्णे।

नूनं यास्यत्यमरमिथुनप्रेक्षणीयामवस्थां

मध्ये श्याम: स्तन इव भुव: शेषविस्तारपाण्डु:।।[23]

इस प्रकार हम देखते हैं कि उनकी रचनाओं में शब्दालंकार और अर्थालंकार दोनों की सुंदरता समान रुप से मिलती है, जो उनके काव्य को सर्वतोभावेन सुंदर एवं मधुर बनाता है, उनकी उपमाओ समान अर्थान्तरन्यास एवं उत्प्रेक्षा भी उत्कृष्ट हैं जहां उनके उपमा सौष्ठव की विद्वानों ने प्रशंसा की है वही अर्थान्तरन्यास और उत्प्रेक्षाओं की भी सराहना की है, अत: निष्कर्ष रूप में कहा जा सकता है कि कालिदास का अलंकार कौशल उच्च कोटि का है और एक ही श्लोक में अनेक अलंकार को समाविष्ट कर देना कालिदास जैसे महाकवि का ही काम है जिसे पढ़कर मर्मज्ञ एकदम अभिभूत हो जाते हैं

मेघदूत छंद के चयन, भाषा का शौष्ठव एवं पद ललित की दृष्टि से संस्कृत साहित्य का अद्भुत रत्न है, सरलता स्वाभाविकता के साथ-साथ ध्वन्यात्मकता, इस गीति काव्य में प्राण का संचार करती है, शब्दों का विन्यास ऐसा है जैसे पद्य लुढ़कते हुए से आगे बढ़ रहे हो, भाषा की सहजता इस पद में देखी जा सकती है-

जातं वंशे भुवनविदिते पुष्करावर्तकानां ।

जानामि त्वां प्रकृतिपुरुषं कामरूपं मघोन:[24]||

दूतकाव्य का यह साहित्य परम्परा इतनी द्दढ़ और प्रसिद्ध हुई की प्रत्युत अनेक दूतकाव्य की परम्परा चल पड़ी, महाभारत के "नलोपाख्यान" नामक आख्यान में नल तथा दमयंती द्वारा इसको दूत बनाकर परस्पर संदश प्रेषण की जो कथा आई है, वह भी दूतकाव्य की परंपरा का ही अनुसरण है। कवि जिनसे (९वीं शती ईसवी) "मेघदूत" की तरह ही मंदाक्रांता छंद में तीर्थकर पाश्र्वनाथ के जीवन से संबद्ध चार सर्गों का एक काव्य "पाश्र्वाभ्युदय" लिखा जिसमें मेघ के दौत्य के रूप में मेघदूत के शताधिक पद्य समाविष्ट हैं। १५वीं शताब्दी में "नेमिनाथ" और "राजमती" वाले प्रसंग को लेकर "विक्रम" कवि ने "नेमिदूत" काव्य लिखा, जिसमें मेघदूत" के १२५ पद्यों के अंतिम चरणों को समस्या

बनाकर कवि ने नेमिनाथ द्वारा परित्यक्त राजमती के विरह का वर्णन किया है। इसी काल में एक अन्य जैन कवि "चरित्रसुंदर गणि ने शांतरसपरक जैन काव्य "शीलदूत" की रचना की। इन दो कृतियों के अतिरिक्त विमलकीर्ति का "चंद्रदूत", अज्ञात कवि का "चेतोदूत" और मेघविजय उपाध्याय का "मेघदूत समस्या" इस परंपरा के अन्य जैन काव्य हैं।

महाकवि कालिदास भारतीय संस्कृत साहित्य के सर्वश्रेष्ठ कवि हैं इनकी सभी रचनाओं में मेघदूत अत्यंत रमणीय ललित कलाओं से अलंकृत कृति है कविकुलगुरू कालिदास भारतीय संस्कृति सभ्यता एवं साहित्य के गुण मर्मज्ञ थे इसलिए जयदेव ने कहा है –

''कविकुलगुरुः कालिदासो विलासः''[25]

यथार्थतः भारतीय धर्म, दर्शन, शिल्प और साधना में जो भी उदात्त महनीय, ललित एवं मनोरम है, उनसे अलंकृत किया गया रूप ही महाकवि कालिदास का काव्य है| इनकी सभी रचनाओ में 'मेघदूत' अनन्यतम है| इसमें किंचित भी संदेह नहीं की यदि महाकवि कालिदास की अन्य रचनाये न होती, केवल एक मात्र मेघदूत हि होता तो भी उनकी कीर्ति में कोई अन्तर न पड़ता, संस्कृत साहित्य के गितिकव्यो में सर्वप्रथम इसकी हि गणना होती है | महाकविकालिदास की कल्पना की उत्कृष्टता एवं परिपक्व कला का यह एक ऐसा प्रमाण है, जिसके समकक्ष विश्व में कोई दूसरा नहीं है | मेघदूत मन्दाक्रान्ता छन्द में लिखा गया है, मेघदूत वस्तुतः गुप्तकालीन रचना है और काल में साहित्य,कला, विज्ञान, धर्म, दर्शन आदि सभी का उत्कर्ष हुआ है, अतः मेघदूत में साहित्य के साथ-साथ अन्य कलाएं भी उत्कर्ष हुई है, यथा –

मेघदूत में शिल्प कला –

वेद ही शिल्पकला का आरम्भ माना जाता है, शिल्प कला से सम्बंधित अनेक कलाएं मेघदूत में भी वर्णित है, जैसे- आभूषणकला, मेघदूत में कुछ श्लोको से आभूषणकला के विकाश का ज्ञान होता है, जैसे- "नीत्वा मासान्कनकवलयभ्रंशरिक्तप्रकोष्ठः''[26]इसी प्रकार "रत्नछायाव्यतिकर"[27]के प्रयोग से यह ज्ञात होता है कि किस प्रकार आभूषणों को विभिन्न धातुओ में ढाल कर बनाया जाता था | "विहगश्रेणीकांचीगुणायाः''[28] "क्वणितरशना"[29]एवं "विहगश्रेणिरचितरशना"[30]से करधनी नमक आभूषण का, साथ ही अनेक रत्नों, मणियो व आभूषणो का ज्ञान होता है | मेघदूत में एक स्थान पर नदी पर स्थित मेघ को मोतियों के हार में गुम्फित की गई इन्द्रनीलमणि की भाति कहना भी आभूषणकला का अद्भुत उदाहरण है|[31] इसी तरह कही-कही प्रसाधन व श्रृंगारकलाएं भी वर्णित है |

मेघदूत में चित्रकला –

चित्रकला अप्रत्यक्ष भावों की अभिव्यक्ति है| यह प्रकाश रंग आदि के माध्यम से अंतर्वश्तु के रूप में अंतःकरण के सर्वोच्च प्रत्ययो से लेकर प्रकृति की सर्वाधिक विशिष्ट वस्तु तक सभी कुछ प्रदर्शित कर सकती है, चित्रकला का वर्णन करते हुए महाकवि कालिदास ने रेखओ द्वारा की गई चित्र रचना को "भक्तिच्छेद" तथा हांथी के श्रृंगार को भूति[32] कहा

है जिसका तात्पर्य यह है कि "रेखाओ द्वारा की गई हांथी की चित्रकारी" क्योकि चित्रकला में रेखांकन हि प्रथम चरण है| अन्यत्र भी "सचित्रा"[33] आदि पद चित्रकला का हि सूचक है | एक स्थल पर मेघ कहता है कि यक्षिणी मेरे चित्र की रचना करती हुई पिंजड़े में स्थित मैंने से पूछती होगी....|[34]इससे यह द्योतित होता है कि यक्षिणी चित्र बना कर यक्ष को स्मरण करती होगी| यक्ष भी स्वं एक कुशल चित्रकार है इसलिए तो वह कहता है कि हे प्रिये ! निष्ठुर भाग्य चित्र में भी हम दोनो के मिलन को सहन नहीं करता[35]| इस प्रकार मेघदूत में यक्ष और यक्षिणी दोनो को कुशल चित्रकार के रूप में द्योतित किया गया है|

<u>मेघदूत में संगीतकला</u> –

संगीतकला में गणितीय नियमो का बहुत बंधन होता, इसमें आवश्यक स्वछन्दता प्रयाप्त रूप से नहीं रहती है | तथापि संगीत में मोहित करने की शक्ति बहुत होती है| इसमें स्वरों का आधार होता है|[36] इसी को "गन्धर्व विद्या" कहा गया और इसमें गायन को श्रेष्ट कहा गया है|[37] मेघदूत में संगीतकला आमोद-प्रमोद, मानव जीवन के आवश्यक अंग के रूप में वर्णित है|[38] मेघदूत में तुरी, बाँसुरी, मृदंग आदि वाद्यों का भी वर्णन प्राप्त है| "संध्याबलिहटपटहताम्"[39]के उल्लेख से नागडा नामक वाद्ययंत्र का वर्णन किया है| इसी के साथ पुष्कर का भी वर्णन किया है, इस प्रकार संगीतकला के अनेक उदाहरण मेघदूत में बिखरे पड़े है, जो बड़े हि रमणीय एव दर्शनीय है |

<u>मेघदूत में वस्तुकला</u>-

वस्तुकला को यांत्रिककला भी कहा जाता है | परन्तु यह पूर्ण सत्य नहीं है| सामान्यतः भवन निर्माण आदि को यांत्रिक कला का आधार माना जा सकता है, अन्य कलाओ की भाति वस्तुकला का आरंभ भी ऋग्वेद से हि माना जाता है| मेघदूत के प्रथम श्लोक से हि ज्ञात होता है कि यक्ष ने रामगिरि के आश्रमों को अपना निवास स्थान बनाया| शिवजी के सिर के चन्द्रिका से धुले हुए महलो वाले कुबेर की नगरी का वर्णन वस्तुकला का हि परिचय देता है- "वाह्योद्यानस्थितहराशिराश्चन्द्रिका धौतहम्र्या"[40]

उज्जयिनी वर्णन में वस्तुकला का वर्णन देखने को मिलता है, मेघदूत में "उच्चैर्विमाना:"शब्द का प्रयोग "सतमंजले" भवन के लिए हुआ है[41]| उत्तरमेघ में प्रयुक्त "प्रसाद" शब्द वस्तुकला को हि द्योतित करता है| यक्ष के भवन को तोरण इंद्र धनुष की तरह सुन्दर अर्थात रंग-बिरंगी मणियो से जटित वर्णित किया गया है[42]|

೬೨

[1] रघुवंशमहाकाव्य

[2] नीतिशतकम् - भर्तृहरि

[3] ललिता स्वराज |

[4] काव्यप्रकाश – आ० मम्मट I

[5] साहित्यदर्पण – अ॰ विश्वनाथ I

[6] मेघदूत – 1/28

[7] मेघदूत – 1/12

[8] पू॰ में॰ – श्लोक 6 |

[9] कु॰ स॰ – 5/71

[10] अभि॰ शा॰ – 2/10

[11] काव्यप्रकाश – आ॰ मम्मट 8

[12] सा॰ दर्पण – आ॰ विश्वनाथ 9/2-3

[13] अभि॰ शा॰ – 6/36

[14] कु॰ स॰ – 8/2

[15] पू॰ मे॰ – श्लोक 29

[16] पू॰ मे॰ – श्लोक 44

[17] उ॰ मे॰ – श्लोक 29

[18] उ॰ मे॰ – श्लोक 33

[19] कु॰ स॰ – 4/33

[20] कु॰ स॰ – 5/70

[21] संस्कृत साहित्य की रूपरेखा – पृ॰ 49, चतुर्दश संस्करण |

[22] रघुवंश – नवम् सर्ग

[23] पु॰ मे॰ – श्लोक 18

[24] मेघदूत – 1/5

[26] पूर्वमेघ – श्लोक 2 |

[27] पूर्वमेघ – श्लोक 15 |

[28] पूर्वमेघ – श्लोक 29 |

[29] पूर्वमेघ – श्लोक 38 |

[30] उत्तरमेघ – श्लोक 3 |

[31] पूर्वमेघ – श्लोक 49 |

[32] पूर्वमेघ – श्लोक 2 |

[33] उत्तरमेघ – श्लोक 1 |

[34] उत्तरमेघ – श्लोक 25 |

[35] उत्तरमेघ – श्लोक 45 |

[36] पाणिनि शिक्षा – 3/1

महर्षि पतंजलि, महाभाष्य – 1/2/29

[37] क. छान्दोग्योपनिषद्

ख.कठोपनिषद्

[38] उत्तरमेघ – श्लोक 60 |
[39] पूर्वमेघ – श्लोक 49 |
[40] पूर्वमेघ – श्लोक 9 |
[41] पूर्वमेघ – श्लोक 67 |
[42] उत्तरमेघ – श्लोक 15 |

उपसंहार

अपारे काव्य संसारे कविरेव प्रजापति : सूक्ति में समीक्षक आचार्य ने श्रेण्य साहित्य के अनुशीलन एवं अनुशंसन का मापदण्ड निर्धारित कर कालजयी रचनाओ के विशिष्ट का निरूपण किया है| राजशेखर ने काव्यपुरुष की कल्पना कर उसके जीवित लक्षण के रूप में जिस आत्मा की चर्चा की है, उसकी व्याख्या कहीं अलंकार, कही गुण, रीति, ध्यानि, वक्रोक्ति, रस आदि तत्वों के रूप में की गई है | फिर भी बहुत कुछ ऐसा रहा जाता है जो इन्द्रियगोचर से परे, मनसा, वाचा अनिर्वचनीय होता है| ऐसा साहित्य अविभाज्य और अखण्ड होता है किन्तु बोध सौकर्म हेतु गद्य-पद्य मिश्र, प्रबन्ध, मुक्तक, नाटक, महाकाव्य, खंडकाव्य इत्यादि रूपों में विभक्त कर उसके सौन्दर्य की भावमयी एवं वस्तुपरक व्याख्या संस्कृत साहित्य में हि नहीं पश्चिमी आलोचना जगत में भी हुई है |

काव्य रूप की दृष्टि से मेघदूत खण्डकाव्य की श्रेणी में रखा गया है, जिनमे जीवन के कुछ अंशो का पल्लवन कवि करता है| इसे हम गीति काव्य भी कहते है, जिसमे सुख-दुःख अनुभूतियो का आत्मप्रकाशन संगीतात्मक रूप से है| गीति काव्यो में भावो की प्रबलता और बहुलता होती है| शोधकर्ता ने 'कालिदास के मेघदूत का साहित्यिक एवं भौगोलिक अनुशीलन' को प्रस्तुत करने के लिए कालिदास के ग्रंथो के साथ-साथ अन्य भौगोलि पुस्तकों का अध्ययन, अन्य दूतकाव्यो, पुस्तकालयों एवं पत्रिकाओ के अध्ययन के साथ ही साथ यथासंभव भौगोलिक स्थलों का भ्रमण भी किया है| मेघदूत के साथ ही अन्य दूतकाव्यो में निहित तत्वो के आधार पर कहा जा सकता है कि विरहि व्यक्ति चेतन-अचेतन के विवेक को खोकर अपने हृदय के उद्गम वेग को येन-केन प्रकारेण प्रेषित करना चाहता है|

मेघदूतम् महाकवि कालिदास की प्रौढ एवं परिष्कृत रचना है | इसमे कवि की प्रौढ कल्पना, उदात्त भावना, परिष्कृत शैली एवं कोमलकान्त पदावली का सामन्जस्य दिखाई देता है | यह कवि की कल्पना का मनोरम प्रसून है | अत: विश्व के सभी सहृदयो ने इसकी मुक्त कण्ठ से प्रशंसा की है | यह गीतिकाव्य का उज्ज्वल माणिक्य है | शास्त्रीय दृष्टि से गीतिकाव्य को खण्ड काव्य कहा जाता है, क्योकि इसमें महाकाव्य के पूरे गुण नहीं होते है |

गीतिकाव्य भावप्रधान होते है, इसमें अंतरात्मा की ध्वनि होती है, जीवन का कोई एक पक्ष वर्णित होता है | महाकाव्य में यदि जीवन की समग्रता है, तो गीतिकाव्य में एकदेशीयता | महाकाव्य में विस्तार है तो गीतिकाव्य में घनत्व, महाकाव्य में शिथिलता है तो गीतिकाव्य में एकाग्रता और तन्मयता | अत: गीतिकाव्य अधिक लोकप्रिय हुए है |

मेघदूतम् दो भागो में विभक्त है – पूर्वमेघ और उतरमेघ | मेघदूत की समीक्षा करने से कलिदास के दार्शनिक एवं मनोवैज्ञानिक पक्ष का तो ज्ञान होता ही है, साथ हि इसके संस्कृतिक एवं भौगोलिक पक्ष का बहुत अच्छा वर्णन मिलता है, कालिदास ने अपने सन्देशवाहक के रूप में जो मेघ को चुना है, अलकापुरी तक पहुँचाने के लिए उस समय इससे अच्छा और कोई साधन असंभव था | क्योकि रामगिरिपर्वत से अलकापुरी तक पहुँचने का

मार्ग बहुत हि दुर्गम था |

चूँकि कालिदास ने अपने मेघदुत में साहित्यिक विवेचना के साथ – साथ भौगोलिक विवेचन बहुत हि विस्तृत ढंग से किया है | रामगिरि पर्वत से अलकापूरी तक का जो मार्ग है उसमे पर्वत पठार एवं नदियों तथा हवाओं की दिशा की अनुकूलता, मेघ को कहाँ से जल भरना है, कहाँ वर्षा करना है एवं समस्त भौगोलिक घटकों का वर्णन बड़े सुन्दर ढंग से किया है |

अत: कालिदास के समय से बताये गए भौगोलिक कारक एवं बदलो का मार्ग, मौसम एवं जलवायु वर्तमान परिपेक्ष में कहाँ तक घटित हो रहा है | इसका अध्ययन अति आवश्यक जान पड़ रहा है अत: इसके साहित्यिक एवं भौगोलिक वर्णनों का मार्मिक विवेचन करने के लिए मैंने 'मेघदूतम्' नामक ग्रन्थ को अपने पुस्तक का विषय बनाया |

निष्कर्ष के रूप में हम यह कह सकते है कि कलिदास वैदर्भीरीति के काव्य के प्रणेता, काव्य-कला एवं साहित्य के अपार ज्ञानी होने के साथ – साथ उपमाकवि कालिदास विशुद्ध श्रृंगार के प्रतिमूर्ति तो है हि साथ हि भूत, भविष्य एवं भौगोलिक ज्ञानी भी है| कलिदास ने अपने समय में हि मेघ को रास्ता बताने के बहाने से जो भारत के स्थलों का एवं मौसम तथा जलवायु का वर्णन किया है, भौगोलिक दृष्टि से आज भी वही भौगोलिक घटनाये हि घटित हो रही है, भले हि पर्वत, पठार, मैदान एवं नदियों के नाम एवं प्रवाह में कुछ परिवर्तन आया हो किन्तु नदियों का उद्गम स्थल, प्रवाह की दिशाये आज भी पूर्णतय: सत्य है, कालिदास द्वारा भेजा गया मेघ जिस मार्ग से वर्षा करते हुए अलकापुरी या हिमालय तक जाता है, भौगोलिक दृष्टिकोण से आज भी भारत में दक्षिण –पश्चिम मानसून के द्वारा मेघ आज भी उसी मार्ग का अनुसरण करता हुआ उत्तर एवं उत्तर-पश्चिम की ओर वर्षा करते हुए निकल जाता है| काल के हिसाब से पर्वतो एवं स्थलों, नगरो इत्यादि का नाम भले हि परिवर्तित हो गया हो किन्तु वो आज भी कालिदास के बताये गए स्थलों पर हि सही साबित हो रहे है|

कालिदास ने मेघदूत में एक शापित एवं उन्मत्त हृदय वाले यक्ष को नायक के रूप में स्वीकारा है, जबकि काव्यो एवं महाकाव्यों में धीरोदात्त नायक ही होना चाहिए ऐसा काव्यशास्त्रियो ने माना है, तो फिर कालिदास के मेघदूत में ऐसे व्यक्ति को नायक के रूप में क्यों लिया है, जो धीरोदात तो है ही नहीं बल्कि कुबेर द्वारा शापित एवं उन्मत्त है, यह शोध का विषय बन रहा है | इस प्रकार से मेघदूत के साथ ही कालिदास के सभी ग्रंथो में नये-नये आयाम उभर कर सामने आ सकते है|

लेखक को यह विश्वास है कि कालिदास के मेघदूतम् का यह जो साहित्यिक एवं भौगोलिक तथ्यों के साक्ष्य को प्रस्तुत करते हुए कालिदास की मन:स्थिति का उजागर करते हुए कालिदास के मेघदूत एवं भूगोल के बीच के तत्वों की जो यथार्थता उद्घाटित किये गए है वो भविष्य में समीक्षा करने पर नये आयाम उद्घाटित करेगे |

****

सन्दर्भ ग्रन्थ-सूची

1. मेघदूतम् : डॉ विजेन्द्र कुमार शर्मा, साहित्य भण्डार सुभाष बजार, मेरठ उ०प्र०-2016।

2. मेघदूतम्(पूर्वमेघ) : डॉ जयशंकर त्रिपाठी, अक्षयवट प्रकाशन, इलाहाबाद- 1996 ।

3. मेघदूतम्(पूर्वमेघ) : श्री तारणीश झा, रामनारायणलाल एण्ड क०, इलाहाबाद – 2012 ।

4. मेघदूतम्(उत्तरमेघ) : श्री तारणीश झा, रामनारायणलाल एण्ड क०, इलाहाबाद -2011 ।

5. मेघदूतम् –पूर्वमेघ : डॉ रामनारायण द्विवेदी, चौखम्बा अमर भारतीय प्रकाशन, वाराणसी- 2016 ।

6. कालिदास-स्त्री-अभिधान-माला : डॉ मीरा द्विवेदी, परिमल पब्लिकेशन्स दिल्ली-2016 ।

7. संस्कृत साहित्य में पर्यावरण एवं कालिदास की वनस्पतियाँ : डॉ मायाराम उनियाल,चौखम्भा ओरियन्टालिया, वाराणसी – 2009 ।

8. कालिदास-ग्रंथावली : प० श्रीरमतेज शास्त्री, चौखम्बा सुरभारती प्रकाशन,वाराणसी -2014 ।

9. कालिदास की ललित योजना : हजारी प्रसाद द्विवेदी, राजकमल प्रकाशन, दिल्ली – 2015।

10. कालिदास का भारत : भगवतशरण उपाध्याय, भारतीय ज्ञानपीठ, दिल्ली -2016 ।

11. संस्कृत साहित्य का समीक्षात्मक इतिहास : डॉ कपिल देव द्ववेदी, रामनारायणलाल विजय कुमार, इलाहाबाद –2014

12. अभिज्ञानशाकुन्तल : डॉ कपिलदेव द्ववेदी, रामनारायणलाल विजय कु०, इलाहाबाद -2012।

13. राजकीय सहायक अध्यापक मिशन LT : सर्वज्ञभूषण, संस्कृतगंगा प्रकाशन, इलाहाबाद-जून -2018 ।

14. जलवायु विज्ञान : सविन्द्र सिंह, प्रयाग पुस्तक भवन, इलाहाबाद – 2008-2009 ।

15. प्रतियोगिता साहित्य सिरीज संस्कृत : डॉ मुरारी लाल अग्रवाल, साहित्य भवन, आगरा ।

16. साहित्य दर्पण ; मिश्रोऽभिराजराजेंद्र: अक्षयवट प्रकाशन इलाहाबाद – 2008।

17. काव्यप्रकाश : आ० विश्वेश्वर सिद्धान्तशिरोमणि, ज्ञानमंडल लिमेटेड, वाराणसी 2009 ।

18. भूगोल : गोपाल के० पूरी, आई०आई०एम०एम०एस० पब्लिकेशन दिल्ली 1997 ।

19. रघुवंश : कालिदास, चौखम्बा सुरभारती प्रकाशन, वाराणसी 1979 ।

20. कालिदास का प्राकृतिक चित्रण : निर्मला उपाध्याय, नीलम प्रकाशन, इलाहबाद 1968 ।

21. कालिदास की कृतियों पर मल्लिनाथ की टिकाओ पर विमर्श : प्रभुनाथ द्ववेदी, सक्तिप्रकाशन, इलाहाबाद 1986 ।

22. कालिदास की बिम्बयोजना : अमलेश गुप्ता, राजस्थान हिन्दी ग्रन्थ अकादमी, जयपुर 1984 ।

23. कालिदास की लालित्य योजना : हजारी प्रसाद द्ववेदी, राजकमल प्रकाशन, दिल्ली 1970 ।

24. कालिदास कृत मेघदूत (हिन्दी पद्यानुवाद) : वैजनाथ प्रसाद शुक्ल, प्रज्ञा प्रकाशन, लखनऊ 1997 ।

25. कालिदास के काव्य में सादृश्येतर अलंकार ; विष्णुराम नगर, प्रशांत प्रकाशन, वाराणसी 1995 ।

26. कालिदास के नाटक : भगवत शरण उपाध्याय 1980 ।

27. कालिदास के नाटक : रामप्रताप त्रिपाठी, किताब महल, इलाहाबाद ।

28. कालिदास ग्रन्थावली : मिथिलाप्रशाद त्रिपाठी, कालिदास संस्कृत अकादमी, उज्जयिनी 2008।

29. कालिदास साहित्य लोचन एवं समीक्षा : वनेश्वर पाठक, किशोर विद्या निकेतन, वाराणसी 1989 ।

30. महाकवि कालिदास के नाटको में पर्यावरण संचेतना : शीनुल इस्लाम मालिक. अखिल भारतीय साहित्य कला मन्च, मुरादाबाद 2012 ।

31. महाकवि कालिदास : रमाशंकर त्रिपाठी, चौखम्बा विद्याभवन,वाराणसी 1980 ।

32. आधुनिक भारत का वृहत भूगोल : डॉ चतुर्भुज ममोरियल विद्याप्रशाद एण्ड संस आगरा 1960 ।

33. प्राचीन भारत का ऐतिहासिक भूगोल : विमल चरण लाहा, उत्तर प्रदेश हिन्दी ग्रन्थ अकादमी लखनऊ 1972 ।

34. भारत का भूगोल : कृष्णलाल जोशी, राष्ट्रीय शैक्षिक अनुसंधान और प्रशिक्षण परिषद् जुलाई -1971 ।

35. मौसम विज्ञान : रमेशचन्द्र बनर्जी, राजस्थान हिन्दी ग्रन्थ अकादमी जयपुर 1991 ।

36. पाणिनीय शिक्षा : गुरु प्रसाद शास्त्री, भार्गव पुस्तकालय, वाराणसी स० 2005 ।

37. महाभाष्यम् : पतंजलि, चौखम्बा संस्कृत संस्थान वाराणसी 1984 ।

38. कठोपनिषद् :देवेन्द्रनाथ पाण्डेय, हंसा प्रकाशन जयपुर 1997 ।

39. छान्दोग्योपनिषद् : शिवबालक, ग्रंथम कानपुर 1981 ।

40. नीतिशतकम् (भर्तृहरि) : राजेश्वर मिश्र, अक्षयवट प्रकाशन इलाहाबाद 2008 ।

41. पर्यावरण संरक्षण विधि की रूप रेखा, डॉ प्रसाद अनिरुद्ध, सेन्ट्रल लॅ पब्लिकेशन इलाहाबाद 2009 ।

42. पर्यावरण प्रदुषण : श्रीवास्तव गोपीनाथ ।

43. पर्यावरण विकास : सी० ई० पी० आर० डी० के अंक 6 ।

44. पारिस्थितिकी परिचय : सिंह डॉ पी०एन० हिन्दी ग्रन्थ अकादमी जयपुर ।

45. स्कन्दमहापुराण : व्यास, नाग प्रकाशक दिल्ली 1982 ।

46. वराहपुरण : चौ० श्री नारायण सिंह, सर्वभार वाराणसी 1983 |

47. महाभारत : व्यास, गीता प्रेस गोरखपुर स० 2046 |

48. Yashpal in : s.p.Gupta 1995 :175

49. समकालीन भारत नई दिल्ली : राष्ट्रिय शैक्षिक अनुसन्धान परिषद् अप्रैल 2003 |

50. भारत का भूगोल : माजिद हुसैन, 20 जुलाई 2014 |

51. काव्यादर्श : दण्डी, ओरियन्टल इंस्टीट्यूट पूना 1938 |

52. उत्तररामचरितम् : भवभूति, चौखम्बा सुरभारती प्रकाशन वाराणसी 1995 |

53. विक्रमोर्वशीयम् : विन्देश्वरी प्रसाद मिश्र, कृष्णदास अकादमी वाराणसी 1984 |

54. ऋग्वेद : कुंवर चन्द्र प्रकास सिंह, भुवन वाणी ट्रस्ट लखनऊ 1992 |

55. निरुक्त शास्त्र : यास्क, ज्ञानमण्डल लिमिटेड वाराणसी 2002 |

56. भगवद्गीता : राधाकृष्ण सरस्वती बिहार 1982 |

57. अखण्ड और महान भारत : कालिदास की कविता शिवकुमार भारद्वाज |

58. मेघदूत भाष्य और महाकवि कालिदास : डॉ भगवती लाल राजपुरोहित |

59. मालविकाग्निमित्रम् : रमाशंकर पाण्डेय, चौखम्बा सुरभारतीय प्रकाशन वाराणसी 1989 |

60. कुमारसंभवम् : कालिदास, चौखम्बा सुरभारतीय प्रकाशन वाराणसी 1980 |

****